SUPPLÉMENT

AU RÉSUMÉ

DE

DROIT ADMINISTRATIF

PAR M. F. BŒUF

RÉPÉTITEUR DE DROIT.

I. CONSEILS GÉNÉRAUX

Loi du 10 août 1871. — Loi du 15 février 1872.
Conseil général de la Seine.
Loi du 16 septembre 1871.

II. CONSEILS MUNICIPAUX

Loi du 14 avril 1871 sur les élections municipales.

III. LOIS ET DÉCRETS sur le droit administratif
jusqu'au 30 mars 1872

PARIS

DAUVIN FRÈRES, LIBRAIRES-ÉDITEURS

26, rue Soufflot et boulevard Saint-Michel, 63.

1872

SUPPLÉMENT

AU RÉSUMÉ

DE

DROIT ADMINISTRATIF

PAR M. F. BŒUF

RÉPÉTITEUR DE DROIT.

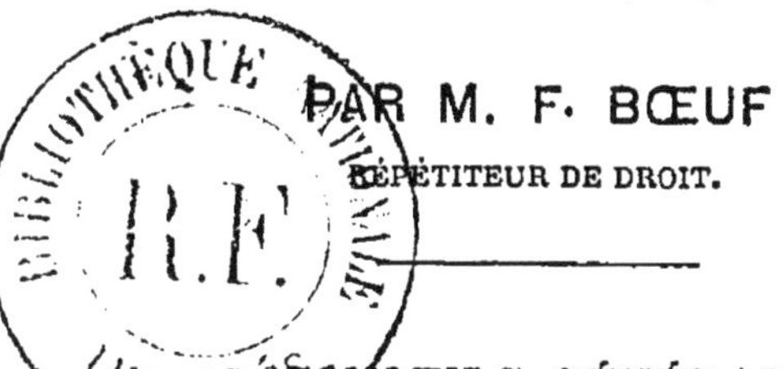

I. CONSEILS GÉNÉRAUX

Loi du 10 août 1871. — Loi du 15 février 1872.
Conseil général de la Seine.
Loi du 16 septembre 1871.

II. CONSEILS MUNICIPAUX

Loi du 14 avril 1871 sur les élections municipales.

III. LOIS ET DÉCRETS sur le droit administratif
jusqu'au 30 mars 1872.

PARIS

DAUVIN FRÈRES, LIBRAIRES-ÉDITEURS

26, rue Soufflot et boulevard Saint-Michel, 63.

—

1872

PRÉFACE

Le droit administratif subit le contre-coup de nos révolutions politiques. C'est dire assez combien il est sujet aux changements.

Nous donnons dans ce Supplément, destiné à compléter la troisième édition de notre Résumé du droit administratif :

I° L'explication de diverses lois relatives aux *conseils généraux* : 1.° de la loi générale du 10 août 1871 ; 2° de la loi spéciale du 15 février 1872 qui, en prévision d'une dissolution illégale l'Assemblée nationale, confère à une Réunion des délégués des Conseils généraux le droit exorbitant d'assurer l'ordre légal et de pourvoir provisoirement à l'administration générale du pays ; 3° de la loi provisoire du 16 septembre 1371 sur le Conseil général de la Seine ;

II° L'indication des changements apportés à *l'organisation municipale* par la loi du 14 avril 1871 ;

III° L'énumération des lois et décrets ayant modifié les matières traitées dans notre Résumé.

Nous reproduisons, à la suite de ce Supplément, une Circulaire ministérielle du 25 mars 1872, relative à la loi du 10 août 1871 sur les Conseils généraux.

Paris. — Typ. A. PARENT rue Monsieur-le-Prince, 31.

I

CONSEILS GÉNÉRAUX.

L'organisation et les attributions des Conseils généraux sont réglées par la nouvelle loi du 10 août 1871, dont le but a été d'étendre l'application du principe de la décentralisation administrative.

Cette loi comprend 7 titres et quelques dispositions spéciales ou transitoires.

L'innovation la plus importante de cette loi est la création d'une *Commission departementale* qui doit être élue, chaque année, par le Conseil général et dans son sein.

Il résulte du titre premier qui contient des dispositions générales :

1° Qu'il y a dans chaque département un Conseil général (art. 1er).

2° Que le Conseil général élit, dans son sein, une Commission départementale (art. 2).

3° Que le Préfet est le représentant du pouvoir exécutif dans le département; qu'en outre, il est chargé de l'instruction préalable des affaires qui intéressent le département ainsi que de l'exécution des décisions du Conseil général et de la Commission départementale (art. 3).

Nous étudierons successivement : 1° l'organisation et les attributions du Conseil général ; 2° l'organisation et les attributions de la Commission départementale ; 3° les règles spéciales aux intérêts communs de plusieurs départements, auxquelles nous rattacherons la loi du 15 février 1872.

§ 1. — **DU CONSEIL GÉNÉRAL**.

Autrefois l'organisation et les atributions du Conseil général étaient l'objet de lois distinctes.

L'organisation était régie : 1° par la loi fondamentale du 22 juin 1833, qui avait admis le principe de l'élection des membres du Conseil général, par des électeurs payant un certain cens ; 2° par le décret du 3 juillet 1848, qui avait étendu le principe de l'élection par l'admission du suffrage universel ; 3° par la loi du 7 juillet 1852, qui avait conféré au chef du pouvoir exécutif le droit de nommer les président et secrétaire du Conseil général.

Les attributions étaient réglées : 1° par la loi fondamentale du 10 mai 1838 ; 2° par les décrets de décentralisation des 25 mars 1852 et 13 avril 1861 ; 3° par la loi du 18 juillet 1866, qui avait fait un grand pas dans la voie de la véritable décentralisation en accordant au Conseil général le droit de statuer définitivement dans une foule de cas où auparavant l'approbation du préfet ou de l'autorité supérieure était nécessaire.

Aujourd'hui, l'organisation et les attributions du Conseil général sont réglées par la loi unique du 10 août 1871 qui abroge les dispositions contraires des lois et règlements antérieurs (art. 92 et 93).

Toutefois, cette loi n'est pas applicable au département de la Seine, à l'égard duquel il sera statué par une loi spéciale (art. 94) (1).

(1) Cette loi spéciale a été faite le 16 septembre 1871. Nous donnons, à la fin de nos explications sur la loi générale du 10 août, l'économie de la loi du 16 septembre sur le conseil général de la Seine.

Organisation.

I.—Formation du conseil général (titre 2, art. 4-22).

Le Conseil général de chaque département se compose d'autant de membres qu'il y a de cantons dans le département (1); chaque canton élit un membre du conseil général (art. 4) (2).

L'élection se fait au suffrage universel, dans chaque commune, sur les listes dressées pour les élections municipales (art. 5). En conséquence, sont *électeurs* tous les citoyens français âgés de 21 ans, jouissant de leurs droits civils et politiques et domiciliés depuis une année, au moins, dans la commune (art. 4, L. 14 avril 1871 sur les élections municipales.)

Conditions d'éligibilité.— Pour être *éligible* au Conseil général il faut : 1° être inscrit sur une liste d'électeurs ou justifier qu'on devait être inscrit avant le jour de l'élection; 2° être âgé de 25 ans accomplis; 3° être domi-

(1) D'après la loi de 1833, le nombre des conseillers ne devait pas excéder trente. Quand le département contenait plus de trente cantons, plusieurs cantons étaient réunis pour nommer un conseiller général. Le décret du 3 juillet 1848 appelait déjà chaque canton à élire un membre du conseil général.

(2) Plusieurs amendements avaient été proposés sur l'article 4 de la nouvelle loi. L'un avait pour but de faire élire les conseillers généraux par arrondissement, au scrutin de liste et proportionnellement à la population; d'autres voulaient qu'on tînt compte de la population et des impôts directs de chaque canton.

clié dans le départemeut ou du moins être inscrit ou justifier qu'on devait être inscrit au rôle d'une des contributions directes au 1er janvier de l'année dans laquelle se fait l'élection, ou avoir hérité depuis la même époque d'une propriété foncière dans le département.

Toutefois, le nombre des conseillers généraux non domiciliés ne peut dépasser le quart du nombre total dont le Conseil doit être composé (Art. 6).

Ne peuvent être élus :

1° Les citoyens pourvus d'un conseil judiciaire. (Art. 7) (1).

2° Ceux qui sont dans un cas d'incompatibilité prévu par la loi.

Les *incompatibilités* se rattachent à l'exercice de certaines fonctions ou services publics.

Elles sont *relatives* ou *absolues*, suivant qu'elles empêchent l'élection dans une portion du territoire ou dans toute la France.

Les incompatibilités *relatives* sont prévues par les articles 8 et 10.

Aux termes de ces articles, ne peuvent être élus membres du conseil général :

1° Les procureurs généraux, avocats généraux et substituts du procureur général près les Cours d'appel, dans l'étendue du ressort de la Cour ;

(1) Les individus qui peuvent être pourvus d'un conseil judiciaire sont : 1° les prodigues ; 2° ceux dont l'état habituel d'imbécillité, de démence ou de fureur n'est pas assez grave pour faire prononcer contre eux l'interdiction (art. 499 et 513, Code civil).

2° Les présidents, vice-présidents, jugés titulaires, juges d'instruction et membres du parquet des tribunaux de première instance, dans l'arrondissement du tribunal ;

3° Les juges de paix, dans leur canton ;

4° Les généraux commandant les divisions ou subdivisions territoriales, dans l'étendue de leurs commandements ;

5° Les préfets maritimes, majors généraux de la marine et commissaires de l'inscription maritime, dans le département où ils résident ;

6° Les ingénieurs en chef de département et les ingénieurs ordinaires d'arrondissement, dans le département où ils exercent leurs fonctions ;

7° Les ingénieurs du service ordinaire des mines, dans les cantons de leur ressort ;

8° Les recteurs d'académie, dans le ressort de l'académie ;

9° Les inspecteurs d'académie et les inspecteurs des écoles primaires, dans le département où ils exercent leurs fonctions ;

10° Les ministres des différents cultes, dans les cantons de leur ressort ;

11° Les agents et comptables de tout ordre, employés à l'assiette, à la perception et au recouvrement des contributions directes ou indirectes et au paiement des dépenses publiques de toute nature, dans le département où ils exercent leurs fonctions ;

12° Les directeurs et inspecteurs des postes, des télégraphes et des manufactures de tabacs, dans le département où ils exercent leurs fonctions :

13° Les conservateurs et inspecteurs et autres agents

des eaux et forêts, dans les cantons de leur ressort ;

14° Les vérificateurs des poids et mesures, dans les cantons de leur ressort ;

15° Les architectes du département, les agents-voyers, les employés des bureaux de la préfecture ou de la sous-préfecture et généralement tous les agents salariés ou subventionnés sur les fonds départementaux, ainsi que les entrepreneurs des services départementaux, dans le département dont les fonds servent à les payer.

Les incompatibilités *absolues* sont prévues dans l'art. 9 :

Ne peuvent être élus membres du Conseil général dans toute la France :

1° Les préfets, sous-préfets, secrétaires généraux et conseillers de préfecture ;

2° Les commissaires et agents de police.

Enfin nul ne peut être membre de plusieurs conseils généraux (art. 11).

Convocation des électeurs. — Les colléges électoraux sont convoqués par le pouvoir exécutif, de manière qu'il y ait toujours au moins 15 jours francs entre la date du décret de convocation et le jour de l'élection qui doit être un dimanche.

Le scrutin est ouvert à 7 heures du matin et clos le même jour à 6 heures. Le dépouillement a lieu immédiatement. Si un second tour de scrutin est nécessaire il y est procédé le dimanche suivant (art. 12).

Recensement des votes. — Immédiatement après le dépouillement du scrutin, les procès-verbaux de chaque commune, arrêtés et signés, sont portés au chef-lieu de canton par deux membres du bureau. Le recensement général des votes est fait par le bureau, du chef-lieu, et le résultat est proclamé par son président qui adresse tous les procès-verbaux et les pièces au préfet (art. 13).

Nul n'est élu membre du conseil général au premier tour de scrutin, s'il n'a réuni: 1° la majorité absolue des suffrages exprimés; 2° un nombre de suffrages égaux au quart de celui des électeurs inscrits. Au second tour de scrutin, l'élection a lieu à la majorité relative quel que soit le nombre des votants.

Si plusieurs candidats obtiennent le même nombre de suffrages, l'élection est acquise au plus âgé (art. 14).

Réclamations contre les élections et vérification des pouvoirs. — Les élections peuvent être arguées de nullité par tout électeur du canton. Si sa réclamation n'a pas été consignée au procès-verbal, elle doit être déposée au secrétariat général de la préfecture, et il en est donné récépissé (art. 15).

Avant la nouvelle loi du 10 août 1871, c'était le Conseil de préfecture qui statuait, sauf recours au Conseil d'État, sur les réclamations élevées contre les élections au Conseil général. Il devait seulement renvoyer devant les tribunaux civils, à titre de questions préjudicielles, les réclamations fondées sur l'incapacité légale de l'élu.

D'après la nouvelle loi, c'est le Conseil général lui-même qui vérifie les pouvoirs de ses membres, sans qu'il y ait de recours possible contre ses décisions. Il est ainsi juge souverain de la validité des élections de ses membres, comme le Corps Législatif est juge sou-

verain de la validité des élections des députés (art.
16). (1).

Durée des fonctions.—Sous l'empire de la loi de 1833,
les membres du Conseil général étaient nommés pour
neuf ans et renouvelés par *tiers* tous les trois ans. D'après la
nouvelle loi, les conseillers généraux sont nommés
pour *six* ans et renouvelés par *moitié* tous les trois
ans. Ils sont indéfiniment rééligibles.

En cas de renouvellement intégral, à la session qui
suit ce renouvellement, le Conseil général divise les
cantons du département en deux séries, en répar-
tissant, autant que possible, dans une proportion égale,
les cantons de chaque arrondissement dans chacune
des séries, et il procède ensuite à un tirage au sort pour
régler l'ordre du renouvellement des séries (art. 21).

Vacances accidentelles. — En cas de vacance par *décès*,
option, *démission*, ou par toute autre cause, les électeurs
doivent être réunis dans le délai de *trois* mois. Toutefois, si le renouvellement légal de la série à laquelle
appartient le siége vacant doit avoir lieu avant la prochaine session ordinaire du Conseil général, l'élection
partielle se fait à la même époque. La Commission départementale est chargée de veiller à l'exécution de
ces dispositions. Elle adresse ses réquisitions au Préfet,
et s'il y a lieu, au Ministre de l'intérieur (art. 22).

(1) Cette innovation ne s'applique qu'aux conseils généraux. Il en résulte que c'est toujours le conseil de préfecture
qui statue sur la validité des élections aux conseils d'arrondissement et aux conseils municipaux, conformément à ce
que nous disons, page 71, de notre *Résumé de droit administratif* (3e édition).

— Le Conseiller général élu dans plusieurs cantons est tenu de déclarer son *option* au Président du Conseil général, dans les trois jours qui suivent la vérification de ses pouvoirs. A défaut d'option dans ce délai, le Conseil général détermine, en séance publique, et par la voie du sort, à quel canton le conseiller appartiendra.

Lorsque le nombre des conseillers non domiciliés dans le département dépasse le quart du conseil, le Conseil général procède de la même façon pour désigner celui ou ceux dont l'élection doit être annulée (art. 17).

Tout conseiller général qui, par une cause survenue postérieurement à son élection, se trouve dans un des cas d'incapacité ou d'incompatibilité prévus par les articles 7 à 10 de la loi, ou se trouve frappé de l'une des incapacités qui font perdre la qualité d'électeur, est déclaré démissionnaire par le Conseil général, soit d'office, soit sur la réclamation de tout électeur (art. 18).

Lorsqu'un conseiller général a manqué à une session ordinaire, sans excuse légitime, admise par le Conseil, il est délaré démissionnaire par le Conseil général dans la dernière séance de la session (art. 19).

Le conseiller général qui donne sa *démission* doit l'adresser au Président du Conseil général ou au Président de la Commission départementale qui en donne immédiatement avis au Préfet (art. 20).

II.—Sessions du conseil général (tit. III, art. 23-36).

Le Conseil général a des sessions ordinaires et des sessions extraordinaires.

Sessions ordinaires. Autrefois le Conseil général n'avait qu'une session ordinaire annuelle; depuis la nouvelle loi il a, chaque année, *deux sessions ordinaires.*

La session la plus importante est celle dans laquelle sont délibérés le budget et les comptes. Elle commence de plein droit le premier lundi qui suit le 15 août et ne peut être retardée que par une loi.

L'autre session s'ouvre au jour fixé par le Conseil général dans la session du mois d'août précédent. Dans le cas où le Conseil général se serait séparé, sans avoir pris aucune décision à cet égard, le jour serait fixé et la convocation serait faite par la Commission départementale qui en donnerait avis au Préfet.

La durée de la session d'août ne peut excéder un mois. — Celle de l'autre session ordinaire ne peut excéder quinze jours (art. 23).

Sessions extraordinaires. Les Conseils généraux peuvent être réunis extraordinairement :

1° Par décret du pouvoir exécutif ;

2° Si les deux tiers des membres en adressent la demande écrite au Président. Dans ce cas, le Président est tenu d'en donner avis immédiatement au Préfet qui doit convoquer d'urgence.

La durée des sessions extraordinaires ne peut excéder huit jours (art. 24).

Nomination des Président, Vice-Présidents et Secré-taires. En 1852 les Président, Vice-Présidents et Secrétaires du Conseil général étaient choisis par le chef de l'Etat.

La loi nouvelle, conformément à la loi de 1833 et à la législation de 1848, charge le Conseil général de nommer lui-même son Président, un ou plusieurs Vice-Présidents et ses Secrétaires.

Cette nomination est faite à l'ouverture de la session d'août, sous la présidence du doyen d'âge, le plus jeune membre faisant les fonctions de secrétaire.

Les Président, Vice-Présidents et Secrétaires sont nommés au scrutin secret et à la majorité absolue. Leurs fonctions durent jusqu'à la session d'août de l'année suivante (art. 25).

Séances et délibérations. Le Conseil général, comme le Corps législatif, fait son règlement intérieur (art. 26).

Le Préfet a son entrée au Conseil ; il est entendu quand il le demande et assiste aux délibérations, excepté lorsqu'il s'agit de l'apurement de ses comptes (art. 27).

Sous la législation de 1833 et de 1852 les séances du Conseil général n'étaient pas publiques. La loi du 10 août 1871, reproduisant une règle déjà consacrée en 1848, établit la *publicité* des séances (1).

(1) Nous devons observer qu'une loi du 23 juillet 1870 avait déjà décidé : 1o que le Conseil général nommerait ses président, vice-présidents et secrétaires; 2o qu'il pourrait faire son règlement intérieur ; 3° que ses séances seraient publiques.

Néanmoins, sur la demande de cinq membres, du Président ou du Préfet, le Conseil général, par assis est levé, sans débats, décide s'il doit se former en comité secret (art. 28).

Le Président a seul la police de l'assemblée. Il peut faire expulser de l'auditoire ou arrêter tout individu qui troublerait l'ordre.

En cas de crime ou de délit, il en dresse procès-verbal et le Procureur de la République en est immédiatement saisi (art. 29).

— Le Conseil général ne peut délibérer valablement qu'autant que la moitié plus un des membres dont il doit se composer est présente.

Les votes sont recueillis au scrutin public, toutes les fois que le sixième des membres présents le demande. En cas de partage, la voix du Président est prépondérante. Néanmoins les votes sur les nominations et sur les validations des élections contestées ont toujours lieu au scrutin secret. Le résultat des scrutins publics énonçant les noms des votants est reproduit au procès-verbal (art. 30).

Le Conseil général doit établir jour par jour un *compte-rendu* sommaire et officiel de ses séances qui est tenu à la disposition de tous les journaux du département dans les quarante-huit heures qui suivent la séance. Les journaux ne peuvent apprécier une *discussion* sans reproduire en même temps la portion du compte-rendu afférente à cette discussion.

Toute contravention à cette disposition est punie d'une amende de 50 à 500 francs (art. 31).

Les procès-verbaux des séances, rédigés par un des secrétaires, sont arrêtés au commencement de chaque

séance et signés par le Président et le Secrétaire. Ils
contiennent les rapports, les noms des membres qui
ont pris part à la discussion et l'analyse de leurs opi-
nions. Tout *électeur* ou *contribuable* du département a
le droit de demander la communication sans déplacement et de prendre copie de toutes les délibérations du
conseil général ainsi que des procès-verbaux des séances publiques et de les reproduire par la voie de la
presse (art. 32) (1).

Tout acte et toute délibération du Conseil général,
relatifs à des objets qui ne sont pas légalement compris
dans ses attributions, sont nuls et de nul effet. La
nullité ést prononcée par un décret rendu dans la forme
des règlements d'administration publique (art. 33).

Toute délibération prise hors des réunions du Conseil
prévues ou autorisées par la loi est nulle et de nul effet.
Le Préfet, par un arrêté motivé, déclare la réunion illégale, prononce la nullité des actes, prend toutes les
mesures nécessaires pour que l'assemblée se sépare immédiatement et transmet son arrêté au Procureur général du ressort pour l'exécution des lois et l'application,
s'il y a lieu, des peines déterminées par l'article 258 du
Code pénal. En cas de condamnation, les membres con-
damnés sont déclarés par le jugement exclus du conseil et inéligibles pendant les trois années qui suivent
la condamnation (art. 34).

(1) Cette disposition avait été déjà édictée par la loi du
23 juillet 1870.

Elle existait déjà pour les délibérations des conseils municipaux dans la loi du 5 mai 1855 (art. 22) et d'une façon
plus restreinte dans la loi antérieure de 1831.

Dissolution du Conseil général. — La dissolution du Conseil général est soumise à des règles différentes, suivant qu'elle a lieu pendant les sessions de l'Assemblée nationale ou dans l'intervalle de ces sessions.

Pendant les sessions de l'Assemblée nationale, la dissolution d'un Conseil général ne peut être prononcée par le Chef du pouvoir exécutif que sous l'obligation expresse d'en rendre compte à l'Assemblée dans le plus bref délai possible. En ce cas, une loi fixe la date de la nouvelle élection et décide si la Commission départementale doit conserver son mandat jusqu'à la réunion du nouveau conseil général, ou autorise le pouvoir exécutif à en nommer provisoirement une autre (art. 35).

Dans l'intervalle des sessions de l'Assemblée nationale le Chef du pouvoir exécutif peut prononcer la dissolution d'un Conseil général pour des causes spéciales à ce Conseil. Le décret de dissolution doit être motivé ; il ne peut jamais être rendu par voie de mesure générale. Il convoque en même temps les électeurs du département pour le quatrième dimanche qui suit sa date. Le nouveau Conseil général se réunit de plein droit le deuxième lundi après l'élection et nomme sa Commission départementale (art. 36).

Attributions.

La nouvelle loi du 10 août 1871 a eu pour but d'étendre les attributions des Conseils généraux, d'augmenter leurs pouvoirs en restreignant ceux des Préfets. Elle a ainsi réalisé plus efficacement encore le principe de la décentralisation déjà introduit et consacré, en certains cas, par la loi de 1866.

Dans l'exercice de ses attributions le Conseil général peut être envisagé à différents points de vue :

1° Au point de vue de *la nature de sa mission.* A cet égard, il peut être considéré : tantôt comme *délégué du pouvoir législatif,* tantôt comme *représentant légal du département,* tantôt comme *conseil du pouvoir central.* C'était le point de vue auquel M. Vivien s'était placé dans son rapport sur la loi de 1838.

2° Au point de vue de l'*étendue des intérêts* sur lesquels il est appelé à statuer. A cet égard, le Conseil général, sorte d'intermédiaire entre le pouvoir central et le pouvoir communal, est chargé non-seulement des intérêts départementaux, mais aussi quelquefois des intérêts généraux et des intérêts municipaux.

3° Au point de vue de l'*autorité de ses actes.* A cet égard, le Conseil général exerce ses attributions :

1° Par des décisions souveraines immédiatement exécutoires ;

2° Par des délibérations qui ne deviennent exécutoires qu'après un certain délai, s'il n'y a pas eu annulation pour les unes ou suspension pour les autres ;

3° Par des délibérations qui ne sont exécutoires qu'après une approbation expresse de l'autorité supérieure ;

4° Par des avis et propositions, par des réclamations et des vœux, qui sont destinés à éclairer le pouvoir central.

Cette dernière division, qui résulte du texte des articles de la loi de 1871, est celle que nous suivrons dans nos explications.

I.—DÉCISIONS SOUVERAINES IMMÉDIATEMENT EXÉCUTOIRES.

Le Conseil général statue souverainement :

1o *Sur la répartition des impôts directs.* — Chaque année, à sa session d'août, le Conseil général est chargé de répartir les impôts directs de répartition entre les *arrondissements* (art. 37).

Pour comprendre cette mission du Conseil général, il faut savoir que les impôts directs se divisent en impôts de *répartition* et en impôts de *quotité* (1). Les impôts de répartition sont : l'impôt foncier, l'impôt personnel et mobilier et l'impôt des portes et fenêtres. Chaque année le Corps législatif répartit ces trois impôts entre les départements. Dans chaque département le Conseil général est chargé de faire entre les arrondissements la répartition du contingent assigné par le Corps législatif au département. Dans chaque arrondissement le Conseil d'arrondissement répartit entre les communes le contingent assigné par le conseil général à chaque arrondissement. Enfin, dans chaque commune, une commission de répartiteurs répartit entre les particuliers, c'est-à-dire entre les Contribuables, le contingent assigné par le Conseil d'arrondissement à la commune. Il y a ainsi quatre degrés de répartition.

Le Conseil général, avant d'effectuer la répartition entre les arrondissements, statue sur les demandes délibérées par les Conseils d'arrondissement en réduc-

---

(1) Voir, sur la matière des impôts, notre *Résumé de droit administratif* (3e édition, pages 186 et suivantes).

tion de contingent et il prononce définitivement sur les demandes en réduction de contingent formées par les communes et préalablement soumises aux Conseils d'arrondissement (art. 37 et 38) (1).

Si le Conseil général ne se réunissait pas ou s'il se séparait sans avoir arrêté la répartition des impôts directs, les mandements des contingents seraient délivrés par le Préfet, d'après les bases de la répartition précédente, sauf les modifications à porter dans le contingent en exécution des lois (art. 39).

2° *Sur les centimes additionnels départementaux.*—Le Conseil général *vote* les centimes additionnels, soit ordinaires, soit spéciaux, dont la perception est autorisée par les lois. Il peut voter également des centimes extraordinaires dans la limite du maximum fixé annuellement par la loi de finances (art. 40) (2).

3° *Sur la fixation du maximum des centimes extraordinaires communaux.* — Dans l'intérêt des communes le Conseil général arrête, chaque année, dans sa session d'août, et dans les limites fixées annuellement

(1) La nouvelle loi évite de parler de Conseils d'*arrondissement*. Elle parle de Conseils *compétents*. Elle a voulu réserver probablement la question de la création des Conseils *cantonaux* qui est à l'étude dans le projet de loi sur la décentralisation administrative.

(2) D'après la loi du 4 septembre 1871, le maximum des centimes extraordinaires a été fixé, pour l'année 1872, à douze centimes, dans lesquels sont compris les centimes dont le recouvrement a été précédemment autorisé par des lois spéciales.

par la loi de finances, le maximum du nombre des centimes extraordinaires que les Conseils municipaux sont autorisés à voter pour en affecter le produit à des dépenses extraordinaires d'utilité communale.

Si le Conseil général se sépare sans l'avoir arrêté, le maximum fixé pour l'année précédente est maintenu jusqu'à la session d'août de l'année suivante (art. 42) (1).

4° *Sur certains emprunts départementaux.* — Le Conseil général peut voter des emprunts départementaux remboursables dans un délai qui ne peut excéder 15 années, sur les ressources ordinaires et extraordinaires (art. 40).

5. *Sur les chemins vicinaux de grande communication et d'intérêt commun.* — Autrefois, d'après la loi du 21 mai 1836 sur les chemins vicinaux, c'était le Préfet qui, pour tous les chemins vicinaux, soit de grande communication, soit d'intérêt commun, soit ordinaires, était appelé à rendre deux sortes d'arrêtés : les uns portant reconnaissance et fixation de la largeur d'un chemin vicinal, les autres portant ouverture ou redressement d'un dit chemin.

D'après la nouvelle loi, le Préfet a perdu ses pouvoirs à cet égard.

Pour les chemins vicinaux de *grande communication* et *d'intérêt commun* qui présentent un caractère d'intérêt départemental, c'est le Conseil général qui est

____

(1) La loi du 4 septembre 1871 a décidé que, pour l'année 1872, le maximum de ces centimes extraordinaires d'utilité communale ne pourrait dépasser le chiffre de 20.

chargé : soit d'opérer la reconnaissance et de déterminer la largeur des dits chemins, soit d'en prescrire
l'ouverture ou le redressement.

Pour les chemins vicinaux *ordinaires,* nous verrons
que c'est la Commission départementale qui prescrit
ces diverses mesures.

Les délibérations du Conseil général ou de la Commission départementale produisent les effets que pro-
duisaient autrefois les arrêtés du Préfet, d'après les
art. 15 et 16 de la loi du 21 mai 1836.

Par suite :

Les décisions portant *reconnaissance* et *fixation* de la
largeur d'un chemin vicinal *attribuent* définitivement
au chemin le sol compris dans les limites qu'elles
déterminent, sauf indemnité réglée à l'amiable ou par
le juge de paix sur rapport d'experts (art. 15, loi
du 21 mai 1836).

Les décisions portant *ouverture* ou *redressement* d'un
chemin vicinal peuvent donner lieu à une *expropria-
tion spéciale* prononcée par le tribunal d'arrondissement et pour laquelle une indemnité est fixée par un
jury de quatre membres (art. 16, l. 21 mai 1836) (1).

6° *Sur la révision des sections électorales dans les communes.* — Chaque année, dans sa session d'août, le
Conseil général, par un travail d'ensemble comprenant
toutes les communes du département, procède à la
révision des sections électorales et en dresse le tableau
(art. 43).

(1) Voir ce que nous disons à cet égard pages 299 et suivantes, 302 et suivantes de notre *Résumé de droit administratif,* 3ᵉ édition.

7° *Sur la nomination et la révocation des titulaires des bourses* entretenues sur les fonds départementaux et sur les règles et conditions de nomination des candidats aux fonctions rétribuées exclusivement sur les fonds départementaux, sous la réserve des droits des archivistes paléographes (art. 45).

II.—DÉLIBÉRATIONS EXÉCUTOIRES APRÈS UN CERTAIN DÉLAI SANS APPROBATION EXPRESSE DE L'AUTORITÉ SUPÉRIEURE.

Sous l'empire de la loi de 1838, les délibérations du Conseil général n'étaient exécutoires qu'après une approbation soit du Préfet, soit du Ministre, soit du Chef de l'État, soit du Corps législatif.

Les décrets, dits de décentralisation, des 25 mars 1852 et 13 avril 1861, avaient transporté, dans la plupart des cas, au Préfet le droit d'approuver les délibérations. Il en résultait que la règle générale était que l'approbation du Préfet était suffisante à moins d'une disposition contraire, tandis qu'auparavant l'autorisation du Préfet n'était suffisante qu'autant qu'un texte formel le déclarait.

La loi du 18 juillet 1866 fit un grand pas dans la voie de la véritable décentralisation, en attribuant au Conseil général le pouvoir de statuer *définitivement*, sans aucune approbation, sur un grand nombre de matières intéressant le département.

La nouvelle loi du 10 août 1871, s'inspirant de l'esprit de la loi de 1866, a élargi encore le cercle des matières sur lesquelles le Conseil général est appelé à prendre des délibérations réglementaires, exécutoires par elles-mêmes; et ce n'est qu'exceptionnellement qu'elle réserve au pouvoir central, Chef de l'État ou Corps législatif, le droit d'approbation.

Les délibérations du Conseil général *exécutoires après un certain délai, sans aucune approbation expresse,* sont de deux sortes :

Les unes dont l'exécution ne peut être empêchée que par une *annulation*.

Les autres dont l'exécution peut être paralysée par une simple *suspension*.

Les premières ont un caractère de décisions définitives et sont exécutoires si, dans un certain délai, l'annulation n'a pas été demandée et prononcée.

Les secondes sont exécutoires, si dans un certain délai, la suspension de leur exécution n'a pas été ordonnée.

L'annulation, mesure plus grave que la suspension, en diffère sous plusieurs rapports :

1° L'annulation ne peut avoir lieu que pour excès de pouvoir, violation d'une disposition de la loi ou d'un règlement d'administration publique. — La suspension n'est soumise à aucune cause déterminée ; il suffit qu'elle soit motivée ;

2° L'annulation est prononcée par un décret en Conseil d'Etat. — La suspension est prononcée par un simple décret du Chef de l'Etat.

3° L'annulation doit être demandée par le Préfet, dans un délai de vingt jours, à partir de la clôture de la session, et elle doit être prononcée dans le délai de deux mois, sinon la délibération est exécutoire. — La suspension doit être prononcée dans le délai de trois mois, à partir de la clôture de la session (art. 47 et 49).

Délibérations définitives, exécutoires après un certain délai, à moins d'annulation. L'article 46 énumère dans 26 numéros les matières qui font l'objet de ces délibérations.

Aux termes de cet article, le Conseil général statue définitivement sur les objets ci-après désignés, savoir :

1° Acquisition, aliénation et échange des propriétés départementales mobilières ou immobilières, quand ces propriétés ne sont pas affectées à l'un des services énumérés au numéro 4 ;

2° Mode de gestion des propriétés départementales ;

3° Baux de biens donnés ou pris à ferme ou à loyer, quelle qu'en soit la durée ;

4° Changement de destination des propriétés et des édifices départementaux, autres que les hôtels de préfecture et de sous-préfecture et des locaux affectés aux cours d'assises, aux tribunaux, aux écoles normales, au casernement de la gendarmerie et aux prisns ;

5° Acceptation ou refus de dons et legs faits au département, quand ils ne donnent pas lieu à réclamation (1) ;

6° Classement et direction des routes départementales (2) ; projets, plans et devis des travaux à exécuter

____

(1) D'après la loi de 1866, il fallait, en outre, que les dons et legs ne fussent pas grevés de charges ou d'affectation immobilière.

(2) Il n'est plus nécessaire, comme sous la loi de 1866, que le tracé de ces routes ne se prolonge pas sur le territoire d'un autre département. (Modifier en ce sens ce que nous disons page 284 de notre Résumé.)

pour la construction, la rectification ou l'entretien desdites routes; désignation des services qui seront chargés de leur construction et de leur entretien (1);

7° Classement et direction des chemins vicinaux de grande communication et d'intérêt commun ; désignation des communes qui doivent concourir à la construction et à l'entretien desdits chemins et fixation du contingent annuel de chaque commune, le tout sur l'avis des conseils compétents (2); — répartition des subventions accordées, sur les fonds de l'Etat ou du département, aux chemins vicinaux de toute catégorie. — Désignation des services auxquels sera confiée l'exécution des travaux sur les chemins vicinaux de grande communication et d'intérêt commun et mode d'exécution des travaux à la charge du département; — taux de la conversion en argent des journées de prestation ;

8° Déclassement des routes départementales, des chemins vicinaux de grande communication et d'intérêt commun (3);

9₀ Projets, plans et devis de tous autres travaux à exécuter sur les fonds départementaux et désignation des services auxquels ces travaux seront confiés ;

10° Offres faites par les communes, les associations

---

(1) La loi de 1866 réservait au corps des ponts et chaussées la construction et l'entretien de ces routes.

(2) D'après la loi de 1866, c'était le Préfet qui fixait le contingent annuel des communes.

(3) Il n'y a plus à distinguer, comme sous la loi de 1866, si les routes ou chemins se prolongent sur le territoire d'un ou plusieurs départements. (Modifier en ce sens ce que nous disons page 284 de notre Résumé.)

ou les particuliers pour concourir à des dépenses quelconques d'intérêt départemental;

11° Concessions à des associations, à des compagnies ou à des particuliers de travaux d'intérêt départemental;

12° Direction des chemins de fer d'intérêt local, mode et conditions de leur construction, traités et dispositions nécessaires pour en assurer l'exploitation (Voir la loi du 10 juillet 1865 sur les chemins de fer d'intérêt local);

13° Etablissement et entretien des bacs et passages d'eau sur les routes et chemins à la charge du département; fixation des tarifs de péage (1);

13₀ Assurance des bâtiments départementaux;

15° Actions à intenter ou à soutenir au nom du département, sauf les cas d'urgence, dans lesquels la Commission départementale pourra statuer (2);

16° Transactions concernant les droits des départements;

17° Recettes de toute nature et dépenses des établissements d'aliénés appartenant au departement; approbation des traités passés avec des établissements privés ou publics pour le traitement des aliénés du département;

18° Service des enfants assistés;

19° Part de la dépense des aliénés et des enfants assistés, qui sera mise à la charge des communes et bases de la répartition à faire entre elles;

(1) Ce droit appartenait auparavant au ministre des travaux publics.

(2) En cas d'urgence, la Commission départementale a été substituée au Préfet.

20° Création d'institutions départementales d'assistance publique, et service de l'assistance publique dans les établissements départementaux ;

21° Etablissement et organisation des caisses de retraite ou de tout autre mode de rémunération en faveur des employés des préfectures et sous-préfectures et des agents salariés sur les fonds départementaux ;

22° Part contributive du département aux dépenses des travaux qui intéressent à la fois les départements et les communes ;

23° Difficultés élevées relativement à la répartition de la dépense des travaux qui intéressent plusieurs communes du département ;

24° Délibérations des conseils municipaux ayant pour but l'établissement, la suppression ou les changements de foires et marchés (autrefois il ne donnait qu'un avis) ;

25° Délibérations des conseils municipaux ayant pour but la prorogation des taxes additionnelles d'octroi actuellement existantes ou l'augmentation des taxes principales audelà d'un décime, le tout dans les limites du maximum des droits et de la nomenclature des objets fixés par le tarif général établi conformément à la loi du 24 juillet 1867 (1) ;

26° Changements à la circonscription des communes d'un même canton et à la désignation de leurs chefs-lieux, lorsqu'il y a accord entre les conseils municipaux (2).

(1) La délibération du Conseil général remplace l'approbation du Préfet qu'exigeait la loi du 24 juillet 1867. (Modifier, en ce sens, ce que nous disons à la page 229 de notre résumé.)

(2) La délibération du Conseil général remplace l'appro-

Délibérations exécutoires après un certain délai à moins de suspension. Les matières qui sont l'objet de ces délibérations sont énumérées dans les cinq numéros de l'article 48.

Aux termes de cet article, le Conseil général délibère :

1º Sur l'acquisition, l'aliénation et l'échange des propriétés départementales affectées aux hôtels de préfecture et de sous-préfecture, aux écoles normales, aux cours d'assises et tribunaux, au casernement de la gendarmerie et aux prisons ;

2º Sur le changement de destination des propriétés départementales affectées à un des services ci-dessus énumérés ;

3º Sur la part contributive à imposer au département dans les travaux exécutés par l'Etat qui intéressent le département ;

4º Sur les demandes des conseils municipaux : 1º pour l'établissement ou le renouvellement d'une taxe d'octroi sur des matières non comprises dans le tarif général indiqué à l'article 46 ; 2º pour l'établissement ou le renouvellement d'une taxe excédant le maximum fixé par ledit tarif ; 3º pour l'assujettissement à la taxe d'objets non encore imposés dans le tarif local ; 4º pour les modifications aux règlements et aux périmètres existants (1) ;

bation que le Préfet donnait sur l'avis du Conseil général d'après la loi du 24 juillet 1867. (Modifier en ce sens ce que nous disons page 145 de notre Résumé.)

(1) Auparavant, d'après la loi du 24 juillet 1867, c'était un décret en conseil d'Etat qui statuait. (Modifier en ce sens ce que nous disons à la page 229 de notre Résumé.)

5° Sur tous les autres objets sur lesquels il est appelé à délibérer par les lois et règlements, et généralement sur tous les objets d'intérêt départemental dont il est saisi, soit par une proposition du Préfet, soit sur l'initiative d'un de ses membres.

III. Délibérations qui ne sont exécutoires qu'après une approbation expresse.

Les cas dans lesquels les délibérations du Conseil général ont besoin d'une approbation expresse pour être exécutoires sont très-rares depuis la loi nouvelle de 1871.

Ces délibérations sont notamment relatives :

1° Aux impositions extraordinaires qui dépassent la limite du maximum fixé annuellement par la loi de finances ;

2° Aux emprunts départementaux qui sont remboursables dans un délai excédant 15 années ;

Dans ces deux cas, le Conseil général doit être autorisé par une loi (art. 41) ;

3° Aux dons et legs faits au département quand ils donnent lieu à réclamation (art. 46, n° 5).

Dans ce cas, l'autorisation doit être donnée par un décret en Conseil d'Etat.

4° Au budget départemental et aux comptes d'administration du Préfet qui doivent être définitivement réglés, comme nous le verrons, par décret du Chef de l'Etat (art. 57 et 66).

IV. AVIS ET PROPOSITIONS, RÉCLAMATIONS ET VOEUX.

Le Conseil général est chargé d'éclairer le pouvoir central par ses avis et propositions et par ses réclamations et ses vœux.

Avis. D'après l'article 50, le Eonseil général donne son avis :

1° Sur les changements proposés à la circonscription du territoire du département, des arrondissements, des cantons et des communes et à la désignation des chefs-lieux, sauf le cas où il statue définitivement conformément à l'article 46, numéro 26 (1) ;

2° Sur l'application des dispositions de l'article 90 du Code forestier, relatives à la soumission au régime forestier des bois, taillis ou futaies appartenant aux communes et la conversion en bois de terrains en pâturages ;

3° Sur les délibérations des conseils municipaux relatives à l'aménagement, au mode d'exploitation, à l'aliénation et au défrichement des bois communaux;

Et généralement sur tous les objets sur lesquels il est appelé à donner son avis en vertu des lois et règlements, ou sur lesquels il est consulté par les ministres.

Il résulte de cet article que le Conseil général est appelé à donner son avis : tantôt d'une manière *obligatoire*, tantôt d'une manière *facultative*. Il doit être consulté

---

(1) Le cas où le Conseil général statue définitivement est relalif aux changements à la circonscription des communes d'un même canton et à la désignation de leurs chefs-lieux, lorsqu'il y a accord entre les conseils municipaux.

toutes les fois que les lois et règlements réclament son avis. Il peut l'être toutes les fois que les ministres croient devoir provoquer ses conseils.

Dans tous les cas, il est de principe que l'avis donné ne lie pas l'administration qui peut ne pas le suivre. Mais, dans le cas où l'avis est impérativement exigé, si l'administration prenait une décision sans avoir demandé cet avis, la décision prise pourrait être l'objet d'un recours contentieux devant le Conseil d'Etat comme entachée d'un excès de pouvoir.

Propositions. Aux termes de l'art. 68, le Conseil général fait des propositions pour l'allocation de certains crédits ouverts sur les fonds généraux du budget en ce qui concerne :

Les secours pour travaux concernant les églises et presbytères ;

Les secours généraux à des établissements et institutions de bienfaisance ;

Les subventions aux communes pour acquisition, construction et réparation de maisons d'école et de salles d'asile ;

Les subventions aux comices et associations agricoles.

A cet effet, le Conseil général dresse un tableau collectif des propositions, en les classant par ordre d'urgence, et le ministre compétent fixe définitivement les allocations.

Réclamations et vœux. — Le Conseil général peut adresser directement au ministre compétent, par l'intermédiaire de son président, les réclamations qu'il aurait à présenter dans l'intérêt spécial du département, ainsi que son opinion sur l'état et les besoins des différents services publics, en ce qui touche le département.

Il peut même, dans l'intérêt général du pays, émettre des vœux sur toutes les questions économiques et d'administration générale; mais les vœux *politiques* lui sont interdits (art. 51).

Les réclamations et les vœux diffèrent des avis en ce que : 1° les réclamations et les vœux émanent de l'initiative du Conseil général, tandis que les avis sont provoqués par l'administration ; 2° les réclamations et les vœux sont adressés directement au ministre compétent, par l'intermédiaire du Président du Conseil général, tandis que les avis sont transmis à l'administration centrale par l'intermédiaire du Préfet.

— Rôle du Préfet en ce qui touche les dons et legs, les contrats et les actions judiciaires intéressant le département.

Dons et legs. — Nous savons que l'autorisation d'accepter les dons et legs faits au département est donnée définitivement par le Conseil général, quand il n'y a pas de réclamation des familles, et par décret en Conseil d'État quand il y a réclamation.

Dans tous les cas, c'est le Préfet qui, en conformité des décisions du conseil général ou du gouvernement, accepte ou refuse les dons et legs.

Il peut toujours accepter les dons et legs à titre conservatoire et la décision du conseil général ou du gouvernement qui intervient ensuite a effet du jour de cette acceptation. (Art. 53 de la loi du 10 août 1871, à combiner avec les art. 910 et 937 du Code civil.)

Contrats. — Le Préfet, sur l'avis conforme de la Commission départementale, passe les contrats au nom du département (art. 54).

Actions judiciaires. — Le Conseil général, comme nous l'avons vu, statue définitivement sur les actions à intenter ou à soutenir au nom du département. Toutefois, dans les cas d'urgence, la Commission départementale peut statuer (art. 46, n° 15).

En principe, c'est le Préfet qui représente en justice le département, comme demandeur ou comme défendeur; il est, en outre, chargé de faire tous actes conservatoires et interruptifs de déchéance.

Par exception, en cas de litige entre l'État et le Département, le Préfet représente l'État, et c'est un membre de la Commission départementale désigné par elle qui représente le Département (art. 54) (1).

Il y a un double intérêt à distinguer si le département est *demandeur* ou *défendeur* :

1° Quand le département est demandeur, le Préfet intente l'action en vertu de la décision du Conseil général. Quand le département est défendeur, le Préfet peut défendre à l'action sur l'avis conforme de la Commission départementale.

2° Quand le département est demandeur, il est dispensé du préliminaire de conciliation et n'a aucune formalité à remplir vis à-vis du défendeur. Quand il est défendeur, il ne peut être cité directement devant les tribunaux par le demandeur, excepté s'il s'agit d'une

(1) Avant cette loi, c'était le plus ancien membre du Conseil de préfecture qui représentait le département. (Modifier en ce sens ce que nous disons page 64 de notre Résumé.)

action possessoire. Hors ce cas, aucune action judiciaire ne peut, à peine de nullité, être intentée contre un département qu'autant que le demandeur a préalablement adressé au préfet un *mémoire* exposant l'objet et les motifs de sa réclamation. La remise du mémoire dont il est donné récépissé interrompt la prescription, si elle est suivie, dans les trois mois, d'une demande en justice (1). L'action ne peut être portée devant les tribunaux que *deux* mois après la date du récépissé, sans préjudice des actes conservatoires (art. 55).

— *Règles spéciales au budget et aux comptes du département.* (Titre v de la loi de 1871, art. 57-68.)

Budget du département. — Le projet du budget du département est préparé et présenté par le Préfet, qui est tenu de le communiquer à la Commission départementale avec les pièces à l'appui, dix jours au moins avant la session d'août. Le budget délibéré par le Conseil général est définitivement réglé par décret (art. 57).

En raison de l'importance du budget départemental, nous dirons quel était son mécanisme sous la loi de 1838, quelles innovations y avaient été apportées par la loi de 1866 et quelles sont les règles qui le régissent actuellement, d'après la loi du 10 août 1871.

(1) La remise d'un mémoire, imposée au demandeur, équivaut à une citation en conciliation, mais celle-ci n'interrompt la prescription qu'autant qu'elle est suivie, dans le mois, d'une demande en justice. (Art. 57, C. de proc. civ.)

Loi du 10 *mai* 1838.

Sous l'empire de la loi de 1838, le budget départemental se divisait en *quatre sections*, comprenant chacune des dépenses et des recettes corrélatives et correspondant à quatre espèces de centimes additionnels : les centimes *ordinaires*, les centimes *facultatifs*, les centimes *extraordinaires* et les centimes *spéciaux* (1).

La *première section* comprenait les *dépenses ordinaires* auxquelles il était pourvu principalement par les *centimes additionnels ordinaires*, appelés aussi *législatifs*, parce qu'ils étaient votés chaque année par la loi de finances, en addition au principal de l'impôt foncier et de l'impôt personnel et mobilier. Les dépenses ordinaires étaient obligatoires jusqu'à concurrence du montant des recettes destinées à y pourvoir et, à défaut, par le Conseil général de les voter, le Préfet, en Conseil de préfecture, pouvait les inscrire d'office au budget.

La *deuxième section* comprenait les *dépenses facultatives*, c'est-à-dire celles que le Conseil général avait la faculté de voter ou non. Il y était principalement pourvu à l'aide des *centimes additionnels facultatifs*, portant également sur l'impôt foncier et l'impôt personnel et mobilier et que le Conseil général pouvait

(1) Un centime additionnel est le centième du principal de l'impôt, c'est-à-dire un centime par franc, qui s'ajoute au principal. Voter 4 ou 5 centimes additionnels, c'est dire que le principal de l'impôt sera augmenté de 4 ou 5 centimes par franc.

Il y a des centimes additionnels généraux, départementaux et communaux.

voter dans la limite du maximum fixé par la loi annuelle de finances.

La *troisième section* comprenait les *dépenses extraordinaires*. Il y était pourvu à l'aide de *centimes additionnels extraordinaires* que votait le Conseil général, mais qu'une loi spéciale d'intérêt local devait ensuite autoriser, en fixant leur nombre et les impôts auxquels ils devaient être appliqués.

La *quatrième section* comprenait les *dépenses spéciales* ayant pour objet : le *cadastre*, les *chemins vicinaux* et *l'instruction primaire*, de telle sorte qu'elle se subdivisait elle-même en trois petites sections (1). Il était pourvu à ces trois sortes de dépenses par des *centimes additionnels spéciaux* pour chacune d'elles et autorisés à l'avance par les lois générales du 2 août 1829 sur le cadastre, du 21 mai 1836 sur les chemins vicinaux et du 15 mars 1850 sur l'instruction primaire.

— Ces diverses sections formaient autant de petits budgets distincts et, en principe, chaque espèce de recette devait rester exclusivement affectée à la dépense particulière de chaque section. Toutefois, les fonds destinés aux dépenses facultatives pouvaient être employés au paiement des dépenses ordinaires, mais les fonds des-

(1) Souvent, dans le budget départemental, chacune de ces trois classes de dépenses était l'objet d'une section spéciale. Il en résultait qu'on pouvait distinguer six sections dans le budget départemental. Depuis 1852, toutes les communes étant cadastrées, la section du cadastre avait fini par disparaître du budget. Aussi, dans les documents officiels et notamment dans la loi de 1866, il était question de cinq sections : les trois sections relatives aux dépenses ordinaires, facultatives et extraordinaires, et les deux sections spéciales relatives aux chemins vicinaux et à l'instruction primaire.

tinés au paiement de celles-ci n'auraient pu être consacrés aux dépenses facultatives.

Loi du 18 juillet 1866.

— Nous avons déjà vu que la loi de 1866 avait fait un grand pas dans la voie de la véritable décentralisation.

Spécialement, en ce qui concerne le budget départemental, elle introduisit les innovations suivantes :

1° Elle supprima la division du budget en sections et le divisa en budget *ordinaire* et budget *extraordinaire* ;

2° Elle diminua le nombre des dépenses ayant un caractère obligatoire et pouvant être inscrites d'office au budget;

3° Elle fit disparaître l'institution du *fonds commun* (1).

(1) Le *fonds commun* était formé à l'aide de centimes additionnels s'ajoutant à l'impôt foncier et à l'impôt personnel et mobilier. Il était destiné à venir au secours des départements dont les dépenses ordinaires excédaient le produit de leurs centimes ordinaires. Chaque année, le produit du fonds commun était réparti entre les départements, en proportion de leurs besoins, par un décret inséré au *Bulletin des lois.* L'appât du fonds commun était un encouragement aux dépenses immodérées que pouvaient faire certains départements au préjudice des autres.

Le fonds commun supposait entre les départements une sorte d'association mutuelle. Par la suppression du fonds commun et le maintien des centimes additionnels qui y étaient affectés, chaque département put désormais compter sur l'intégralité du produit de ses centimes et ne dut compter que sur ses propres ressources, d'autant plus que le nouveau fonds de secours, créé avec les deniers de l'Etat, est de beaucoup inférieur au produit de l'ancien fonds commun.

et le remplaça par un *fonds de secours* créé avec les ressources de l'État. Le fonds de secours, fixé à la somme de 4 millions, devait être inscrit au budget du ministère de l'intérieur et réparti par décret en Conseil d'État, entre les départements nécessiteux;

4º Elle décida que les centimes ordinaires comprendraient désormais les anciens centimes ordinaires, facultatifs et de fonds commun dont la réunion formait un maximum de 25 et que les conseils généraux les voteraient dans la limite du maximum fixé annuellement par la loi de finances;

5° Elle maintint les centimes spéciaux avec leur affectation spéciale, mais elle permit d'appliquer aux dépenses ordinaires l'excédant de ce qui serait nécessaire pour assurer le service des chemins vicinaux et de l'instruction primaire;

6º Elle autorisa les Conseils généraux : 1° à voter des centimes extraordinaires dans la limites d'un maximum fixé annuellement par la loi de finances, une loi spéciale ne devenant ainsi nécessaire qu'au cas où les centimes dépasseraient le maximum fixé; 2º à voter des emprunts remboursables dans un délai n'excédant pas 12 années;

7° Elle décida qu'à l'avenir tout centime additionnel ordinaire ou extraordinaire, établi en sus de ceux déjà autorisés, porterait sur toutes les contributions directes.

Cette loi de 1866 a eu pour but d'accorder aux Conseils généraux des pouvoirs plus étendus et une plus grande liberté d'action dans l'établissement du budget départemental.

Nous allons voir que la loi de 1871 s'est inspirée de son esprit et a reproduit les principes de ses innovations.

Loi du 10 *août* 1871.

Le budget départemental se divise en budget *ordinaire* et budget *extraordinaire* (art. 57).

Chacun de ces budgets comprend deux éléments : les recettes et les dépenses.

Budget ordinaire. — Les *recettes* du budget ordinaire se composent (art. 58) :

1o Du produit des centimes additionnels ordinaires dont le nombre est fixé annuellement par la loi de finances (1) :

2o Du produit des centimes autorisés pour les dépenses des chemins vicinaux et de l'instruction primaire par les lois des 21 mai 1836, 25 mars 1850 et 10 avril 1867, dont l'affectation spéciale est maintenue (2) ;

(1) L'art. 3 de la loi du 4 septembre 1871 en a fixé le maximum, pour l'année 1872, à 25, portant sur l'impôt foncier et l'impôt personnel et mobilier, plus un centime sur les quatre contributions directes.

(2) Pour l'instruction primaire, l'art. 8 de la loi du 4 septembre 1871 autorise, pour l'année 1872, les Conseils municipaux et les Conseils généraux à voter un maximun de 3 centimes sur les quatre contributions directes en cas d'insuffisance des revenus ordinaires. — Pour les chemins vicinaux, l'art. 10 de la même loi autorise, pour l'année 1872, les Conseils généraux à voter 7 centimes additionnels aux quatre contributions directes, en cas d'insuffisance des centimes ordinaires, sans préjudice de l'application des lois des 21 mai 1836 et 11 juillet 1868 sur les chemins vicinaux.

3_o Du produit des centimes spéciaux affectés à la confection du cadastre par la loi du 2 août 1829 (1);

4° Du revenu et du produit des propriétés départementales;

5_o Du produit des expéditions d'anciennes pièces ou d'actes de la préfecture déposés aux archives;

6° Du produit des droits de péage des bacs et passages d'eau sur les routes et chemins à la charge du département, des autres droits de péage et de tous autres droits concédés au département par les lois;

7° De la part allouée au département sur le fonds inscrit annuellement au budget du ministère de l'intérieur et réparti, conformément à un tableau annexé à la loi de finances, entre les départements qui, en raison de leur situation financière, doivent recevoir une allocation sur les fonds généraux du budget (2);

8° Des contingents de l'Etat et des communes pour le service des aliénés et des enfants assistés et de toute autre subvention applicable au budget ordinaire;

9_o Du contingent des communes et autres ressources éventuelles pour le service vicinal et pour les chemins de fer d'intérêt local.

Les *dépenses* du budget ordinaire comprennent (art. 60):

1_o Le loyer, le mobilier et l'entretien des hôtels de préfecture et de sous-préfecture, du local nécessaire à

(1) L'article 9 de la loi du 4 septembre 1871 en a fixé le maximum, pour l'année 1872, à 5 centimes additionnels à l'impôt foncier.

(2) Il s'agit du fonds de secours établi par la loi de 1866 et qui a remplacé le fonds commun. La loi du 4 septembre 1871 a maintenu pour 1872 l'allocation de 4 millions.

la réunion du conseil départemental d'instruction publique et du bureau de l'inspecteur d'académie;

2o Le casernement ordinaire des brigades de gendarmerie;

3o Le loyer, l'entretien, le mobilier et les menues
dépenses des cours d'assises, tribunaux civils et tribunaux de commerce et menues dépenses des justices de
paix;

4o Les frais d'impression et de publication des listes
pour les élections consulaires; les frais d'impression
des cadres pour la formation des listes électorales et des
listes du jury;

5° Les dépenses ordinaires d'utilité départementale;

6o Les dépenses imputées sur les centimes spéciaux
établis en vertu des lois du 2 août 1829, 21 mai 1836,
15 mars 1850 et 10 avril 1867. (Ces dépenses sont relatives au cadastre, aux chemins vicinaux et à l'instruction primaire).

Néanmoins, les départements qui, pour assurer le
service des chemins vicinaux et de l'instruction primaire, n'auront pas besoin de faire emploi de la totalité
des centimes spéciaux, pourront en appliquer le surplus aux autres dépenses de leur budget ordinaire.
L'affectation de l'excédant du produit des trois centimes spéciaux de l'instruction primaire à des dépenses
étrangères à ce service ne pourra avoir lieu qu'à l'une
des sessions de l'année suivante et lorsque cet excédant
aura été constaté en fin d'exercice.

Les départements qui seraient en situation d'user de
la faculté autorisée par le paragraphe précédent et qui
n'en feraient pas usage ne pourront recevoir aucune

allocation sur le fonds mentionné au numéro 7 de l'art. 58 (1).

— Les dépenses du budget ordinaire sont *obligatoires* ou *facultatives*.

Les dépenses *obligatoires* comprennent, outre l'acquittement des dettes exigibles, les dépenses relatives aux objets mentionnés aux quatre premiers numéros qui précèdent.

Toutes les autres dépenses sont *facultatives*.

Il y a grand intérêt à distinguer ces deux sortes de dépenses (art. 61).

Les dépenses *obligatoires,* comme l'indique leur nom, ne peuvent être éludées, et si le Conseil général omet d'inscrire au budget un crédit suffisant pour leur acquittement, il y est pourvu au moyen d'une contribution spéciale portant sur les quatre contributions directes. Cette contribution est établie par un décret, en Conseil d'Etat, inséré au Bulletin des lois, si elle est dans les limites du maximum fixé annuellement par la loi de finances, et par une loi, si elle doit excéder ce maximum (2).

Les dépenses *facultatives*, au contraire, ne peuvent être inscrites d'office au budget, et les allocations qui leur sont attribuées ne peuvent être changées ni modifiées par le décret qui règle le budget.

Budget extraordinaire. — Les *recettes* du budget extraordinaire se composent (art. 59) :

(1) Cette disposition est complétement reproduite de la loi de 1866.

(2) L'art. 5 de la loi du 4 septembre 1871 a fixé le maximum, pour l'année 1872, à 2 centimes.

1° Du produit des centimes extraordinaires votés annuellement par le Conseil général, dans les limites déterminées par la loi de finances, ou autorisés par des lois spéciales;

2° Du produit des emprunts ;

3o Des dons et legs;

4o Du produit des biens aliénés;

5o Du remboursement des capitaux exigibles et des rentes rachetées;

6° De toutes autres recettes accidentelles.

Sont comprises définitivement parmi les propriétés départementales les anciennes routes impériales de troisième classe, dont l'entretien a été mis à la charge des départements par le décret du 16 décembre 1811 ou postérieurement (1).

Les *dépenses* du budget extraordinaire comprennent toutes celles qui sont imputées sur les recettes dont il vient d'être parlé (art. 62).

— Les fonds qui n'auraient pu recevoir leur emploi dans le cours de l'exercice sont reportés, après clôture, sur l'exercice en cours d'exécution, avec l'affectation qu'ils avaient au budget voté par le Conseil général.

Les fonds libres, provenant d'emprunts, de centimes ordinaires et extraordinaires recouvrés ou à recouvrer dans le cours de l'exercice ou de toute autre recette,

(1) Cette disposition a pour but de trancher une question qui était controversée : celle de savoir à qui appartenait le sol des anciennes routes impériales de troisième classe mises à la charge du département. Le Conseil d'Etat le considérait comme propriété de l'Etat; désormais ce sol est déclaré appartenir au département. (Modifier en ce sens ce que nous disons page 283 de notre Résumé.)

sont cumulés, suivant la nature de leur origine, avec les ressources de l'exercice en cours d'exécution, pour recevoir l'affectation nouvelle qui pourra leur être faite par le Conseil général dans le budget rectificatif de l'exercice courant.

Enfin, les Conseils généraux peuvent, comme le décidait déjà la loi de 1866, porter au budget un crédit pour dépenses imprévues (art. 63).

Comptes du département. — Les comptes du département, d'après les règles générales de la comptabilité publique, comprennent les comptes d'*administration* de l'ordonnateur et les comptes de *deniers* du comptable.

L'ordonnateur est le Préfet qui délivre des mandats de paiement par délégation du Ministre de l'intérieur et sous le contrôle, comme nous le verrons, de la Commission départementale.

Le *comptable* est le Trésorier-payeur du département qui touche les recettes et paie les dépenses.

Les recettes sont effectuées en vertu de rôles et états de produits rendus exécutoires par le Préfet. Les dépenses sont payées sur les mandats délivrés par le Préfet dans la limite des crédits ouverts par les budgets du département (art. 64 et 65) (1).

(1) D'après le décret réglementaire du 31 mai 1862 sur la comptabilité publique (art. 479), la liquidation et l'ordonnancement des dépenses peuvent avoir lieu jusqu'au 31 mai de la deuxième année de l'exercice et le paiement peut se faire jusqu'au 30 juin.

La déchéance quinquennale, qui s'applique aux créanciers de l'Etat, ne s'applique pas aux créanciers des départements (art. 480 du même décret).

— Le *Préfet*, en sa qualité d'ordonnateur, rend des comptes d'administration au Conseil général. Ces comptes doivent d'abord être communiqués à la Commission départementale, avec les pièces à l'appui, dix jours au moins avant l'ouverture de la session d'août.

Le Conseil général entend et débat les comptes d'administration du Préfet et les arrête hors sa présence (art. 27). Ses observations, à cet égard, sont adressées directement par son président au Ministre de l'intérieur.

Les comptes, provisoirement arrêtés par le Conseil général, sont définitivement réglés par décret (art. 66).

Les budgets et les comptes du département définitivement réglés sont rendus publics par la voie de l'impression (art. 67).

—Le *Trésorier-payeur général*, en sa qualité de comptable en deniers, rend ses comptes de gestion à la Cour des comptes.

§ II. — DE LA COMMISSION DÉPARTEMENTALE.

La création d'une Commission départementale, dont l'idée a été empruntée à la législation belge, est l'innovation la plus importante de la loi de 1871.

Cette Commission est destinée à continuer l'action du Conseil général, à exercer en son nom une sorte de direction en sous-ordre, une surveillance permanente dans la limite des attributions du Conseil général lui-même.

Nous examinerons, comme nous l'avons fait pour le Conseil général, son organisation et ses attributions qui font l'objet du titre 6 de la loi (art. 69-88).

3.

Organisation.

I. FORMATION DE LA COMMISSION DÉPARTEMENTALE.

La Commission départementale est élue par le Conseil général et dans son sein.

Chaque année, à la fin de la session d'août, le Conseil général procède à la nomination des membres qui doivent la composer.

Elle se compose de *quatre* membres au moins et de *sept* au plus, et elle comprend un membre choisi, autant que possible, parmi les conseillers élus ou domiciliés dans chaque arrondissement.

Les membres de la Commission sont indéfiniment rééligibles (art. 69).

Les fonctions de membre de la Commission départementale sont incompatibles avec celles de maire du chef-lieu du département et avec le mandat de député (art. 70).

Elles sont, comme les fonctions de membre du Conseil géneral, essentiellement gratuites (art. 75) (1).

II. RÉUNIONS, SÉANCES ET DÉLIBÉRATIONS.

La Commission départementale se réunit au moins une fois par *mois*, aux époques et pour le nombre de jours qu'elle détermine elle-même, sans préjudice du droit qui appartient à son Président et au Préfet de la convoquer extraordinairement (art. 73).

(1) Plusieurs amendements avaient proposé d'accorder aux membres de la Commission départementale une indemnité de déplacement. Ces amendements ont été rejetés.

Elle siége à la préfecture et prend, sous l'approbation du Conseil général et avec le concours du Préfet, toutes les mesures nécessaires pour assurer son service.

Tout membre de la Commission qui s'absente des séances pendant *deux mois* consécutifs, sans excuse légitime, est réputé démissionnaire. Il est pourvu à son remplacement à la plus prochaine session du Conseil général (art. 74).

La Commission est présidée par le plus âgé de ses membres; elle élit elle-même son secrétaire (art. 71).

Le Préfet ou son représentant assiste aux séances de la Commission; ils sont entendus quand ils le demandent.

La Commission départementale ne peut délibérer si la majorité de ses membres n'est présente.

Les décisions sont prises à la majorité absolue des voix.

En cas de partage, la voix du Président est prépondérante.

Il est tenu procès-verbal des délibérations. Les procès-verbaux font mention du nom des membres présents (art. 72).

Attributions.

La Commission départementale, émanation permanente du Conseil général, rend des décisions, exerce des actes de contrôle, donne des avis et rend compte au Conseil général auquel elle fait des rapports et des propositions (art. 77, 79 et 80).

Elle peut charger un ou plusieurs de ses membres d'une mission relative à des objets compris dans ses attributions (art. 84).

I. Décisions. — La Commission départementale prend des décisions tantôt par délégation du Conseil général, tantôt en vertu d'un pouvoir qui lui est directement conféré par la loi.

Par *délégation du Conseil général*, la Commission départementale règle les affaires qui lui sont renvoyées par le Conseil général dans les limites de la délégation qui lui est faite (art. 77).

Les matières sur lesquelles la Commission est ainsi appelée à statuer n'ont pas été déterminées par la loi. C'est au Conseil général à préciser les objets pour lesquels il délègue ses pouvoirs soit temporairement, soit d'une manière permanente.

En vertu du pouvoir qui lui est directement *conféré par la loi*, la Commission départementale prend des décisions tantôt définitives, tantôt susceptibles d'un recours.

Décisions définitives. — Elle assigne à chaque membre du Conseil général et aux membres des autres conseil électifs le canton pour lequel ils devront siéger dans le conseil de révision (art. 82).

Décisions tantôt définitives, tantôt susceptibles de recours. Sur l'avis et les propositions du Préfet, elle est chargée :

1° De répartir: les subventions diverses portées au budget départemental, et dont le Conseil général ne s'est pas réservé la distribution ; les fonds provenant des amendes de police correctionnelle et les fonds provenant du rachat des prestations en nature sur les lignes que ces prestations concernent ;

2° De déterminer l'ordre de priorité des travaux à la

charge du département, lorsque cet ordre n'a pas été
fixé par le Conseil général ;

3° De fixer l'époque et le mode d'adjudication ou de
réalisation des emprunts départementaux, lorsqu'ils
n'ont pas été fixés par le Conseil général ;

4° De fixer l'époque de l'adjudication des travaux
d'utilité départementale (art. 81).

Dans ces divers cas la décision est définitive, s'il y a
accord entre la Commission et le Préfet.

S'il y a désaccord entre la Commission départementale
et le Préfet, l'affaire peut être renvoyée à la plus prochaine session du Conseil général qui statue définitivement.

S'il y a conflit entre la Commission départementale
et le Préfet ou si la Commission a outrepassé ses attributions, le Conseil général est immédiatement convo-
qué en réunion extraordinaire et statue sur les faits
qui lui sont soumis.

Le Conseil général peut, s'il le juge convenable, pro-
céder dès lors à la nomination d'une nouvelle Commission départementale (art. 85).

Décisions toujours susceptibles de recours. — Les décisions de la Commission qui sont toujours susceptibles
de recours ont pour objet des matières plus importantes
pour lesquelles elle a été substituée au Préfet :

1° Elle prononce, sur l'avis des conseils municipaux,
la déclaration de vicinalité, le classement, l'ouverture
et le redressement des chemins vicinaux *ordinaires*, la
fixation de la largeur et de la limite desdits chemins.
Elle exerce, à cet égard, les pouvoirs conférés au Pré-

fet par les art. 15 et 16 de la loi du 21 mai 1836 (art. 86) (1);

2° Elle approuve les abonnements relatifs aux subventions spéciales pour la dégradation des chemins vicinaux, conformément au dernier paragraphe de l'article 14 de la même loi qui accordait ce pouvoir au Préfet en conseil de préfecture (art. 86);

3° Elle approuve le tarif des évaluations cadastrales et elle exerce, à cet égard, les pouvoirs attribués au Préfet en conseil de préfecture par la loi du 15 septembre 1807 et le règlement du 16 mars 1827 (2);

4° Elle nomme les membres des commissions syndicales dans le cas où il s'agit d'entreprises subventionnées par le département, conformément à l'art. 23 de la loi du 21 juin 1865 (art. 87) (3).

(1) Il résulte de cette disposition de l'art. 86 que, pour les chemins vicinaux *ordinaires*, la Commission départementale remplace le Préfet qui, auparavant, rendait des arrêtés ayant pour objet : 1° la reconnaissance et la fixation de la largeur d'un chemin vicinal; 2° l'ouverture ou le redressement d'un chemin vicinal.

En ce qui concerne les chemins de *grande communication* et d'*intérêt commun*, c'est, comme nous l'avons vu, le Conseil général qui, aux termes de l'art. 44 de la nouvelle loi, prescrit ces diverses mesures relatives soit à la reconnaissance et à la fixation, soit à l'ouverture ou au redressement. (Modifier en ce sens ce que nous avons dit dans notre *Résumé de droit administratif*, 3° édit., p. 300-302.

(2) Modifier en ce sens ce que nous avons dit dans notre *Résumé de droit administratif*, 3° édit., p. 194.

(3) Cette loi est relative aux associations syndicales. (Voir ce que nous disons dans notre *Résumé de droit administratif*, 3° édit., p. 241).

Ces diverses décisions doivent être communiquées au Préfet, aux Conseils municipaux et aux autres parties intéressées.

Elles sont susceptibles de deux espèces de recours :

1° Elles peuvent être frappées d'appel devant le *Conseil général* pour cause d'inopportunité ou de fausse appréciation des faits. L'appel est formé par le Préfet, par les Conseils municipaux ou par toute autre partie intéressée ; il doit être signifié au Président de la Commission dans le délai d'un mois à partir de la communication de la décision, et le Conseil général statue définitivement à sa plus prochaine session.

2° Elles peuvent aussi être déférées au *Conseil d'Etat*, statuant au contentieux, pour cause d'excès de pouvoir ou de violation de la loi ou d'un règlement d'administration publique. Le recours au Conseil d'Etat doit avoir lieu dans le délai de deux mois à partir de la communication de la décision attaquée ; il peut être formé sans frais et il est suspensif dans tous les cas (art. 88) (1).

II. Contrôle. — La Commission départemental est principalement chargée de contrôler les actes du Préfet en ce qui concerne le budget et la comptabilité du département.

Nous avons vu déjà que le projet de budget du département, préparé et présenté par le Préfet doit être communiqué à la Commission départementale, avec les pièces à l'appui, 10 jours au moins avant la session d'août (art. 57).

(1) En général, le recours au Conseil d'Etat n'est pas suspensif. C'est donc ici une exception à ce principe. (Voir notre *Résumé de droit administratif*, 3ᵉ édit., p. 38.)

En outre, au commencement de chaque mois, le Préfet est tenu d'adresser à la Commission départementale l'état détaillé des ordonnances de délégation qu'il a reçues ou des mandats de paiement qu'il a délivrés pendant le mois précédent, concernant le budget départemental.

La même obligation existe pour les ingénieurs en chef, sous-ordonnateurs délégués (art. 78).

—La Commission départementale vérifie l'état des archives et celui du mobilier appartenant au département (art. 83).

Elle remplit, à cet égard la mission qui était autrefois dévolue au Conseil général (1).

III. Avis.— Nous avons vu que, sur l'avis conforme de la Commission départementale, le Préfet peut : 1° défendre à toute action intentée contre le département ; 2° passer les contrats au nom du département (art. 54).

En outre, la Commission départementale donne son avis au Préfet sur toutes les questions qu'il lui soumet ou sur lesquelles elle croit devoir appeler son attention dans l'intérêt du département (art. 77).

IV. Rapports et propositions au Conseil général.— A l'ouverture de chaque session ordinaire du Conseil général, la Commission départementale lui fait un rapport

(1) C'est également par suite de son droit de contrôle et de surveillance qu'elle est chargée de veiller à ce qu'il soit pourvu au remplacement des conseillers généraux, en cas de vacances, et qu'elle peut, au besoin, adresser, dans ce but, des réquisitions au Préfet, et, s'il y a lieu, au Ministre de l'intérieur (art. 22).

sur l'ensemble de ses travaux et lui soumet toutes les propositions qu'elle croit utiles (art. 79).

Spécialement, à l'ouverture de la session d'août, elle doit présenter : 1° dans un rapport sommaire, ses observations sur le budget proposé par le Préfet (art. 79) ; 2° le relevé de tous les emprunts communaux et de toutes les contributions extraordinaires communales qui ont été votés depuis la précédente session d'août, avec indication du chiffre total des centimes extraordinaires et des dettes dont chaque commune est grevée (art. 80).

§ III. — DES INTÉRÊTS COMMUNS A PLUSIEURS DÉPARTEMENTS.

La loi de 1833 défendait aux Conseils généraux de correspondre entre eux.

La nouvelle loi (tit. 7), accorde aux Couseils généraux de deux ou plusieurs départements le droit de se concerter ensemble sur des objets d'utilité départementale compris dans leurs attributions et qui intéressent à la fois leurs départements respectifs (1).

L'entente, à cet effet, est provoquée par l'entremise des Présidents des divers Conseils généraux, après avis préalable donné aux Préfets (art. 89).

Les questions d'intérêt commun sont débattues dans

---

(1) Parmi ces intérêts, on peut citer la construction d'une route ou d'un chemin de fer, la création d'établissements communs pour le service des aliénés, la fondation ou la dotation d'universités provinciales, la réunion de plusieurs écoles normales primaires en une seule et la conservation de certains monuments historiques. (Rapport.)

des conférences où chaque Conseil général est représenté soit par la Commission départementale, soit par une commission spéciale nommée à cet effet.

Les Préfets des départements peuvent toujours assister à ces conférences.

Les décisions qui y sont prises ne sont exécutoires qu'après avoir été ratifiées par tous les Conseils généraux intéressés et sous les réserves énoncées aux articles 47 et 49 relativement au droit d'annulation ou de suspension (art. 90).

Si des questions autres que celles prévues par l'article 89 étaient mises en discussion, le Préfet du département où la conférence a lieu déclarerait la réunion dissoute. Toute délibération prise après cette déclaration donnerait lieu à l'application des dispositions et pénalités énoncées à l'article 34 de la présente loi (art. 91).

—On peut rattacher à ces dispositions la nouvelle loi du 15 février 1872 qui, prévoyant le cas où l'Assemblée nationale serait illégalement dissoute ou empêchée de se réunir, accorde aux Conseils généraux le droit de se réunir, et de nommer des délégués se constituant en assemblée générale afin d'assurer la tranquillité publique et l'ordre légal et de pourvoir provisoirement à l'administration générale du pays.

Cette assemblée composée de deux délégués élus par chaque Conseil général se réunit dans le lieu où se sont rendus les membres du gouvernement légal et les députés qui ont pu se soustraire à la violence.

Elle n'est valablement constituée qu'autant que la moitié des départements, au moins, s'y trouve représentée.

Elle doit se dissoudre aussitôt que l'Assemblée nationale s'est reconstituée par la réunion de la majorité de ses membres sur un point quelconque du territoire.

Si cette reconstitution ne peut se réaliser dans le mois qui suit les événements, l'assemblée des délégués doit décréter un appel à la nation pour les élections générales. Ses pouvoirs cessent le jour où l'Assemblée nationale est constituée (1).

Les principales innovations de la loi du 10 août 1871, peuvent être ainsi résumées :

1° Au point de vue de l'*organisation* des autorités départementales :

Création d'une Commission départementale.— Droit pour le Conseil général de valider l'élection de ses membres. — Diminution de la durée du mandat de conseiler général, réduit de 9 ans à 6 ans. — Etablissement

---

(1) Nous n'hésitons pas à dire que cette loi, rendue sous l'impression des souvenirs du 4 septembre 1870, ne répondra pas au but que s'est proposé l'Assemblée nationale. Les Conseils généraux de la monarchie de juillet 1830 auraient-ils pu empêcher la révolution de février 1848 ? Les conseils généraux de 1848, dont quelques-uns avaient émis des vœux pour renverser la Constitution, auraient-ils pu s'opposer au coup d'Etat du 2 décembre 1851 ? Et croit-on que les Conseils généraux de l'empire auraient eu la moindre autorité pour empêcher, après le désastre de Sedan, l'établissement du gouvernemeut de la défense nationale et la proclamation de la République? Nous craignons fort que, si le cas prévu par cette loi vient à se réaliser, le droit accordé aux Conseils généraux ne soit que l'organisation légale de la guerre civile.

de deux sessions ordinaires du Conseil général. — Consécration des principes de la loi du 23 juillet 1870, ayant pour objet : le droit, pour le Conseil général, de nommer ses président, vice-présidents et secrétaires et de faire son règlement intérieur ; la publicité de ses séances, la reproduction du compte-rendu officiel de ses séances et la communication des procès-verbaux de ses délibérations.

2ᵉ Au point de vue des *attributions* des diverses autorités :

Amoindrissement du rôle du Préfet dont certains pouvoirs sont transférés au Conseil général et à la Commission départementale, — contrôle continu des actes du Préfet par la Commission départementale, notamment en ce qui touche le budget et l'ordonnancement des dépenses. — Extension des cas dans lesquels le Conseil général prend des délibérations réglementaires, exécutoires par elles-mêmes. — Faculté pour les Conseils généraux de conférer entre eux sur les intérêts de plusieurs départements. — Enfin, d'après la loi du 15 février 1872, droit exorbitant pour les Conseils généraux, en cas de dissolution illégale de l'Assemblée nationale, de se réunir et de nommer des délégués chargés provisoirement du maintien de l'ordre et de l'administration générale du pays.

CONSEIL GÉNÉRAL DE LA SEINE

(Loi du 16 septembre 1871).

La loi du 10 août 1871 que nous venons d'expliquer n'est pas applicable au département de la Seine ; l'article 94 de cette loi disposait qu'il serait statué à son égard par une loi spéciale.

Cette loi spéciale a été votée le 16 septembre 1871 ; mais elle a un caractère très-provisoire, puisqu'elle ne doit s'appliquer que jusqu'au 31 décembre 1872, au plus tard.

Organisation du Conseil général. D'après la loi du 16 septembre 1871, le Conseil général de la Seine se compose :

1° Des 80 membres du Conseil municipal de Paris ;

2° De 8 membres élus dans les arrondissements de Sceaux et de Saint-Denis, en raison d'un membre par canton, conformément à la loi du 20 avril 1834.

La loi du 22 juin 1833 et spécialement le titre II de cette loi sur la tenue des sessions est applicable au Conseil général de la Seine.

Toutefois les conditions d'électorat et d'éligibilité sont régies par le titre II de la loi générale du 10 août 1871, combinée avec celle du 15 avril précédent.

Attributions. Les attributions du Conseil général la Seine sont réglées par les anciennes lois des 10 mai 1838 et 18 juillet 1866.

—Il résulte de cette loi provisoire que le département de la Seine n'a-pas de Commission départementale.

— Que son Conseil général n'est pas composé comme dans les autres départements ; —Que la tenue des sessions est encore régie par l'ancienne loi de 1833 ; — Que ses attributions sont encore réglées par la législation antérieure à la loi générale du 10 août 1871.

CONSEIL GÉNÉRAL.

Organisation. (Autrefois: loi du 22 juin 1833.)

FORMATION. — Autant de membres que de cantons. — Elus dans chaque commune par les électeurs ayant 21 ans, jouis. de leurs dr. civ. et polit. et domic. depuis un an dans la commune. — Conditions d'éligibilité : inscription sur une liste d'électeurs, 25 ans, domicile dans le départ. ou inscription au rôle des contrib. directes. — Incapacités. — Incompatibilités relatives ou absolues. — Vérification des pouvoirs par le Conseil général. — Nommés pour 6 ans. — Renouvelables par moitié tous les trois ans.

SESSIONS. — Sessions ordinaires : l'une, le lundi qui suit le 15 août, pouvant durer un mois, l'autre, fixée par le Conseil général, pouvant durer quinze jours. — Sessions extraordinaires. — Président, vice-présidents et secrétaires nommés par le Conseil général. — Publicité des séances; publication d'un compte-rendu officiel. — Communication des procès-verbaux des délibérations. — Dissolution par le chef du pouvoir exécutif, sauf à rendre compte à l'Assemblée nationale, si elle siége.

Attributions. (Autrefois : loi du 10 mai 1838 et loi du 18 juillet 1866.)

1º *Décisions souveraines, immédiatement exécutoires* (Répartition des impôts directs entre les arrond. — Vote des centimes addit. départementaux. — Emprunts remboursables en quinze ans. — Reconnaissance et fixation de la largeur; ouverture et redressement des chemins vic. de gr. com. et d'intérêt commun. — Révision des sections électorales dans les communes. — Nomination et révocation des titulaires de bourses départementales.

2º *Délibérations exécutoires après certain délai,* sans approbation expresse de l'autorité supérieure. — Les unes définitives, ne pouvant donner lieu, dans un certain délai, qu'à une annulation par décret en Cons. d'Etat (26 matières : art. 46). — Les autres pouvant donner lieu pendant trois mois à une suspension par simple décret (5 matières : art. 48).

3ª *Délibérations exécutoires après une approbation expresse* (Contribution ext. au delà du maxim. fixé par la loi. — Emprunt remb. en plus de 15 ans (loi). — Dons et legs, s'il y a réclamation (décret en Cons. d'Etat). — Budget et comptes (décret du chef de l'Etat).

4º *Avis* : tantôt obligatoires, tantôt facultatifs; *propositions*; *réclamations* dans l'intérêt du département, *vœux* même généraux, mais non politiques.

— Préfet accepte les dons et legs. — Passe les contrats sur avis conforme de la Commission. — Représente en justice le Département, excepté en cas de procès entre l'Etat et le Départ. — Quand le Départ. est défendeur : mémoire du demandeur et action en justice deux mois après ; en outre, Préfet représente le Départ. sur simple avis conforme de la Commiss. départ.

—Budget : préparé par le Préf. t, soumis à la Commiss. départ., délibéré par le Cons. général, réglé par décret du Chef de l'Etat.

En 1838 : divisé en 4 sections correspondant aux 4 centimes additionnels.

Depuis 1866 et la loi de 1871 : suppression des sections.— Division en budget ordinaire et budget extraordinaire, comprenant chacun des recettes et des dépenses. — Pour le budget ordinaire : dépenses obligatoires et dépenses facultatives. — Restriction des dépenses obligatoires. — Suppression du fonds commun, remplacé par un fonds de secours. — Maintien des centimes spéciaux avec leur affectation spéciale, sáuf à employer l'excédant aux dépenses ordinaires. — Vote de centimes extraord. dans la limite d'un maximum. — Crédits pour dépenses imprévues. — Préfet, ordonnateur, rend des comptes d'administ. au C. gén.—Trésorier-payeur général, Comptable, rend des comptes de deniers à la Cour des comptes.

COMMISSION DÉPARTEMENTALE.

Organisation.

De quatre à sept membres, nommés par le Conseil général et pris dans son sein. Réunion au moins une fois par mois. — Présidée par le plus âgé.

Attributions.

1o *Décisions* : soit par délégation du Conseil général, soit en vertu de la loi : tantôt définitives, tantôt sauf recours devant le Conseil général ou le Conseil d'Etat.

2o *Contrôle* : budget proposé par le Préfet, ordonnances de délégation reçues et mandats délivrés par lui, archives et mobilier du département.

3o *Avis* au Préfet, tantôt obligatoires, tantôt facultatifs.

4o *Rapports et propositions* au Conseil général ; spécialement rapport sur le budget départem. et sur les emprunts et contributions extraord. des communes.

Pour des intérêts communs à plusieurs départem. : conférences entre les Conseils généraux.

Pour des intérêts politiques, en cas de dissolution illégale de l'Assemblée nationale : réunion de délégués chargés de pourvoir à l'administration générale du pays (loi du 15 février 1872).

CONSEIL GÉNÉRAL DE LA SEINE (loi du 16 septembre 1871). — 88 membres dont 80 formant le Conseil municipal de Paris. — Pas de commiss. départem.

II.

CONSEILS MUNICIPAUX

(Loi du 14 avril 1871).

La loi du 14 avril 1871, relative aux élections municipales, a été faite au moment de l'installation de la Commune à Paris.

Elle a été une sorte de protestation contre le mouvement insurrectionnel de la capitale.

Cette loi modifie la législation antérieure sous plusieurs rapports :

1º Pour être électeur, outre les conditions de l'âge de 21 ans et la jouissance des droits civils et politiques, elle exige un domicile *d'une* année, au lieu de 6 mois.

2º Pour être éligible, outre les conditions de 25 ans et de jouissance des droits civils et politiques, elle exige un domicile *d'une année* dans la commune ou le *paiement* dans la commune d'une contribution directe, sans toutefois que le nombre des non domiciliés puisse dépasser le quart des membre du Conseil.

3º Aux cas d'incompatibilité prévus par les lois en vigueur, elle ajoute ceux relatifs: 1º aux juges de paix titulaires, qui ne peuvent être nommés dans les cantons où ils exercent leurs fonctions; 2º aux membres amovibles des tribunaux de première instance, qui ne peuvent être nommés dans les communes de leur arrondissement.

4º Elle accorde au Conseil général, et non au Préfet en conseil de préfecture, le droit de diviser la commune en sections électorales, de manière qu'une section ait à élire au moins deux conseillers.

5° Elle confie au Conseil municipal le droit de choisir parmi ses membres le maire et les adjoints, sauf révocation par décret.

Toutefois, provisoirement, dans les villes de plus de 20,000 âmes et dans les chefs-lieux de département et d'arrondissement, elle charge le gouvernement de nommer par décret les maires et adjoints en les choisissant parmi les membres du conseil (1).

Spécialement pour Paris la loi nouvelle introduit les modifications suivantes :

1° Le Conseil se compose de quatre-vingts membres ; Chacun des vingt arrondissements de Paris nomme quatre conseillers ; ceux-ci sont élus par scrutin individuel, à raison d'un membre par quartier ;

2° Le Conseil municipal de Paris a quatre sessions ordinaires comme les conseils des autres communes.

Leur durée ne peut excéder dix jours, excepté celle où le budget est discuté et qui peut durer six semaines.

3° Au commemcement de chaque session ordinaire, le Conseil nomme son Président, ses Vice-Présidents et ses Secrétaires (2).

(1) Modifier en ce sens ce que nous disons p. 148, 149, 151-154 de notre Résumé.

(2) Autrefois, le Conseil ou plutôt la Commission municipale ne se composait que de soixante membres nommé par le Chef de l'Etat ; elle n'avait qu'une session ordinaire annuelle, et ses Président, Vice-Présidents et Secrétaires étaient aussi nommés par le Chef de l'Etat.

4₀ Un maire et trois adjoints (1) pour chacun des vingt arrondissements de Paris sont choisis par le Chef du pouvoir exécutif. Leurs fonctions sont incompatibles avec la qualité de conseiller municipal de la ville de Paris.

(1) Antrefois, il n'y avait que deux adjoints. (Modifier sur tous ces points ce que nous disons p. 181-183 de notre Résumé.)

III.

Lois et Décrets modifiant les matières traitées dans notre Résumé de droit administratif avec renvoi aux pages de ce Résumé.

CIRCULAIRE MINISTÉRIELLE sur la LOI
du 10 Août 1871.

Le 25 mars 1872, le Ministre de l'intérieur a adressé aux Préfets la circulaire suivante :

Monsieur le préfet, au moment où va s'ouvrir la première session ordinaire des conseils généraux, je crois répondre au sentiment public en rappelant à votre attention quelques-uns des principes qui doivent vous servir de guide en matière de comptabilité départementale.

Ces recommandations sont nécessaires, car le décret du 31 mai 1862 sur la comptabilité publique n'est plus en harmonie avec la situation nouvelle que la loi du 10 août 1871 a faite à l'administration. Si quelques-unes de ses dispositions sont encore en vigueur, les autres sont virtuellement abrogées. En attendant qu'un nouveau règlement de comptabilité ait été adopté, c'est dans la saine interprétation de la loi du 10 août et dans l'étude des principes qu'elle a posés que vous devrez vous efforcer de chercher votre règle de conduite. En élargissant les attributions du Conseil général pour tout ce qui concerne la haute gestion des intérêts départementaux, cette loi vous a imposé, en ce qui touche l'exécution des travaux et le paiement des dépenses, une surveillance plus rigoureuse et des obligations plus étroites.

Les observations que je crois utile de formuler aujourd'hui sont relatives à trois opérations principales : le virement, le mandat de paiement et le marché de gré à gré.

§ 1er. Le budget du département, délibéré par le Conseil général dans sa session ordinaire du mois d'août, est définitivement réglé par un décret du Président de la République. (Loi du 10 août 1871, art. 57.)

Si des besoins imprévus viennent à se révéler dans le courant de l'exercice, il peut y avoir lieu d'introduire au budget des allocations nouvelles, de modifier les prévisions primitives, de réduire un crédit applicable à une dépense pour augmenter le crédit destiné à un autre service. De là, monsieur le Préfet, la nécessité et, on doit le dire, la légitimité du virement.

Les droits de l'administration, en cette matière, étaient définis ainsi qu'il suit par le décret du 31 mai 1862 :

« Art. 464. Les virements de crédits d'un sous-chapitre à un autre sous-chapitre de la première section du budget peuvent être autorisés par le préfet, quand il ne s'agit pas d'une dépense nouvelle à introduire.

« Quant aux virements relatifs à des dépenses nouvelles et aux augmentations d'allocations qui seraient reconnues nécessaires dans ces sous-chapitres après le règlement du budget, ils doivent être autorisés par des décisions ministérielles qui sont notifiées aux préfets.

« Art. 468. Les modifications à apporter, en cours d'exercice, aux crédits des sections du budget départemental, autres que la première, sont approuvées par décret, après avis du Conseil général.

« Toutefois, lorsque les changements se rapportent exclusivement à l'emploi des ressources dont l'affectation est immuable et indépendante de la volonté du Conseil général, il peut être statué par décision ministérielle. »

Ces dispositons, monsieur le préfet, étaient conformes à la loi du 10 mai 1838, qui avait divisé les dépenses départementales en dépenses obligatoires et dépenses facultatives, et au décret du 25 mars 1852 (tableau A) sur la décentralisation.

Une réserve importante était ainsi faite en matière de virement. Les dépenses facultatives étaient rangées, sous des appellations diverses, dans les trois dernières sections du budget, le Conseil général restait maître absolu des crédits qu'il y avait inscrits ; il pouvait seul y apporter des modifications, y opérer des virements. Si l'administration supérieure intervenait, c'était uniquement pour sanctionner le vote de l'assemblée départementale.

Dans la première section, au contraire, qui était réservée aux dépenses obligatoires, le droit de virement appartenait, dans certains cas au ministre de l'intérieur, et dans d'autres aux préfets.

Considérés à un point de vue purement théorique, les principes consacrés par l'article 464 du décret du 31 mai 1862 n'étaient peut-être pas à l'abri de toute critique. Le budget ayant été délibéré par le Conseil général et réglé par un décret, était-il logique qu'une décision administrative, émanant du préfet, ou même du ministre, pût le modifier dans une de ses parties ?

La question ainsi posée, le doute est assurément permis. Mais on ne saurait oublier que l'article 464 était d'accord avec le système général des lois de finances ; l'article 55 du sénatus-consulte du 31 décembre 1861 accordait alors au pouvoir exécutif le même droit de virement d'un chapitre à un autre dans le budjet des ministères. L'Etat et les départements se trouvaient donc soumis aux mêmes règles.

Au point de vue de l'application, la nécessité d'introduire au budget départemental une dépense nouvelle ne se présentait que très-exceptionnellement ; aussi l'intervention du ministre s'est-elle rarement produite ; mais des exigences apparentes ou réelles, pouvaient motiver des modifications de crédit. Dans ce cas, le droit de virement demeurait abandonné aux préfets et le contrôle de la cour des comptes était la seule barrière opposée aux abus.

Cette considération, vraisemblablement, ne fut pas sans influence sur les résolutions qui ont déterminé les auteurs de la loi du 18 juillet 1866 à restreindre le nombre et l'importance des dépenses obligatoires. Réduire ces dépenses à trois articles (loyer et entretien des hôtels de préfecture et de sous-préfecture, casernement de la gendarmerie, service des tribunaux), ce n'était pas seulement augmenter les prérogatives des Conseils généraux, c'était renfermer dans des limites de plus en plus étroites le droit de virement qui avait été délégué aux préfets.

Les instructions ministérielles relatives à la loi de 1866 sont, à ce point de vue, tout à fait précises. « La portée des articles 10 et 11, écrivait un de mes prédécesseurs, le 29 juillet 1867, ne pouvait échapper à votre attention ni à celle du Conseil général. Les dépenses qui conservent le caractère obligatoire étant énumérées par la loi dans des termes limitatifs, toutes les autres dépenses deviennent facultatives. Le droit de virement que vous avait conféré le décret du 25 mars 1852 à l'égard de la première section de l'ancien budget ne peut plus s'exercer désormais que dans les limites beaucoup plus restreintes du sous-chapitre I er. Quant aux allocations inscrites dans les autres sous-chapitres, vous ne seriez pas compétent pour les modifier par voie de virement. Aux termes de l'article 11, le décret de règlement lui-même ne pourrait ni les augmenter, ni les restreindre : le Conseil général peut seul en changer l'affectation ou l'économie primitive. » Ces instructions furent rappelées par une circulaire du 24 décembre 1867, qui imposait, en outre, aux préfets l'obligation de rendre compte au ministre, au moyen d'un état trimestriel, des modifications apportées aux crédits du sous-chapitre Ier.

Telle était la situation lorsqu'intervint la loi du 10 août 1871.

Bien qu'elle soit inspirée par un esprit nouveau et qu'elle ait fait une plus large part aux franchises du Conseil général, cette loi, comme celles du 10 mai 1838 et du 18 juillet 1866, a maintenu la distinction entre les dépenses obligatoires et les dépenses facultatives. La loi n'avait pas à énumérer les services d'intérêt essentiellement départemental, dont la gestion est laissée à la libre initiative des Conseils généraux et dont ces assemblées déterminent la dotation annuelle ; mais elle a précisé avec soin les dépenses qui conservent ou qui acquièrent le caractère obligatoire et qui, en raison de l'intérêt général qu'elles présentent, peuvent être inscrites d'office au budget.

Ces dépenses, dont les articles 60 et 61 ont dressé la liste dans des termes qu'on ne saurait étendre, sont classés aujourd'hui au sous-chapitre Ier du budget. Les dix-huit autres sous-chapitres sont réservés à l'inscription des dépenses facultatives, et l'article 61 établit que les allocations applicables à ces divers services ne peuvent être modifiées par le décret qui règle le budget. Ici le droit du Conseil général n'a de imite que le montant des recettes, et si, pendant le cours d'un exercice, des changements doivent être apportés au budget, c'est le Conseil général qui fera lui-même ces modifications : elles devront, toutefois, être sanctionnées par un décret, puisque c'est un décret, qui a réglé le budget primitif.

Néanmoins, en ce qui concerne les dépenses obligatoires, le droit du Conseil général n'est pas entier : elles peuvent être inscrites d'office au budget, dans les formes indiquées par l'article 61. Cette faculté laissée au Gouvernement de pourvoir, au moyen d'une contribution spéciale, à l'acquittement des dépenses que le Conseil général n'aurait pas suffisamment dotées, implique le maintien du droit de virement entre les crédits inscrits au sous-chapitre Ier.

Mais ce n'est pas à vous, monsieur le Préfet, qu'il appartient d'exercer ce droit. Le décret du 25 mars 1852, l'article 464 du décret du 31 mai 1862, les circulaires du 29 juillet et du 24 décembre 1867 ne sauraient se concilier avec la pensée qui a dicté la loi du 10 août 1871. Le droit de virement dans le sous-chapitre Ier du budget, est désormais réservé au Président de la République.

Le Gouvernement désire et espère n'avoir à user de ce droit que dans des cas exceptionnels. Il n'est pas vraisemblable, en effet, qu'un Conseil général vote des crédits insuffisants pour l'entretien des bâtiments et du mobilier qui constituent un des éléments de la fortune départementale, pour le loyer des casernes de gendarmerie dont il aura approuvé les baux, pour le remboursement d'une dette exigible. La nécessité d'un virement ne se produira donc que dans des circonstances imprévues et lorsqu'il y aura lieu de réparer d'urgence un bâtiment consacré à un des services obligatoires, ou d'aviser, dans le même ordre d'idées, au paiement d'une dépense qui ne saurait souffrir de retard. Mais, ici encore, le virement pourra, presque toujours, être évité.

Vous savez, monsieur le Préfet, que l'article 63 de la loi du 10 août 1871 antorise le Conseil général à porter au budget un crédit pour dépenses imprévues. Cette réserve nous permettrait, en cas d'urgence, de pourvoir aux besoins les plus impérieux. Enfin le virement, il faut le reconnaître, était une nécessité lorsque l'assemblée départementale ne se réunissait qu'une fois par an. Elle tieudra désormais deux sessions, l'une d'un mois, l'autre de quinze jours, sans préjudice des réunions extraordinaires dont le nombre n'est pas limité et qui peuvent être provoquées conformément à l'article 24 de la loi. Par suite de cette situation nouvelle, le virement entre les crédits du sous-chapitre Ier est destiné à devenir de plus en plus rare, ou, du moins, l'assemblée départementale pourra, presque toujours, l'opérer elle-même. Ici, comme en toutes choses, l'administration doit se montrer attentive à la pensée du législateur, et cette pensée est évidemment de laisser aux Conseils généraux la libre disposition du budget départemental.

§ 2. Malgré les précautions prises par le décret du 31 mai 1862 sur la comptabilité, on peut se demander si, de même que le virement, le mandat de paiement n'a pas, dans la pratique, donné lieu à quelques abus.

La délivrance d'un mandat suppose :

1° L'inscription au budget départemental d'un crédit destiné à assurer l'acquittement de la dépense (loi du 10 août 1871, article 65) ;

2° Un service fait, ou, dans le cas où le payement d'un à-compte est autorisé, un service qui est en voie de s'accomplir (décret du 31 mai 1862, article 10).

Il résulte de ces principes que les mandats que vous pouvez émettre ne doivent pas excéder la limite des crédits votés par le Conseil général. Si cette prescription n'était pas obéie, le comptable serait autorisé à refuser d'acquitter les mandats.

Sans doute, les crédits alloués peuvent être insuffisants ; dans ce cas, vous vous bornez à mandater jusqu'à concurrence des allocations inscrites au budget, mais sans dépasser le montant des recouvrements effectifs. A la première réunion du Conseil général, et de préférence à la session d'août où doivent être votés le budget rectificatif de l'exercice en cours et le budget primitif de l'exercice suivant, vous produisez les mémoires et vous demandez le vote d'un crédit supplémentaire. Si l'insuffisance de l'allocation s'est tardivement révélée, si les ressources disponibles n'ont pas permis de désintéresser complétement le créancier, la dépense impayée prend le caractère d'une dette et s'inscrit, suivant la nature de son origine, au sous-chapitre 1er ou au sous-chapitre XIV du budget nouveau.

Mais vous ne devez pas seulement, monsieur le Préfet, restreindre vos mandats dans la limite des crédits ouverts ; vous n'apporterez pas moins d'attention à respecter la destination de ces crédits. Deux considérations sont ici déterminantes : d'une part, le trésorier payeur général devrait refuser d'acquitter le mandat irrégulièrement imputé ; d'autre part, vous ne devez jamais perdre de vue le rôle que la loi du 10 août 1871 vous a tracé. Vous préparez le projet de budget, mais vous ne le réglez pas ; vous êtes chargé d'exécuter les décisions du Conseil général ; la volonté qu'il a manifestée doit rester votre loi (art. 3). Appliquer une allocation votée par l'Assemblée départementale pour une dépense déterminée aux besoins d'un autre service, ce serait faire revivre le droit de virement, que vos prédécesseurs ont pu exercer autrefois dans la première section du budget, mais qui, à partir de 1872, vous est absolument retiré.

Le décret du 31 mai 1862 vous impose un autre devoir. Vous ne pouvez mandater que les crédits applicables aux dépenses faites, à moins qu'il ne s'agisse d'un service en régie ; les avances que vous êtes autorisé à consentir sont alors subordonnées aux conditions prévues par l'article 94, sous la réserve que les pièces justificatives seront produites dans les délais déterminés.

Ces divers textes, combinés avec l'article 15 du décret de 1862, qui déclare les administrateurs « responsables de l'exactitude des certifications qu'ils délivrent, » démontrent l'irrégularité de cette opération qui n'a, heureusement, pas d'appellation normale dans le langage de la comptabilité et qu'on a nommée « le mandat fictif. » Le procédé consiste à délivrer un mandat pour une dépense qui n'a pas été faite ou pour une dépense autre que celle qui a été faite : il suppose un créancier imaginaire ou un créancier complaisant qui, associant sa complicité à celle de l'ordonnateur, consent à exagérer une facture ou même à la dénaturer. Les pièces produites étant régulières, dans la forme, le payeur ne peut refuser d'acquitter le mandat qu'on lui présente, et, plus tard, la Cour des comptes est elle-même impuissante à reconnaître la fraude.

Sous le régime de la loi nouvelle, le gouvernement n'a pas à craindre que de telles manœuvres se produisent. L'article 78 de la loi du 10 août impose au préfet l'obligation d'adresser, au commencement de chaque mois, à la Commission départementale, l'état détaillé des mandats de paiement qu'il a délivrés le mois précédent, concernant le budget. La même obligation incombe aux ingénieurs en chef, auxquels le droit d'émettre des mandats a été délégué. C'est une garantie de plus qui s'ajoute à celles que présentent déjà, pour le bon ordre des finances départementales, votre loyauté et votre devouement aux interêts publics.

§ 3. Je crois devoir enfin appeler votre attention sur le marché de gré à gré.

D'après l'article 68 du décret du 31 mai 1862, dont les dispositions s'apppliquent aussi bien aux dépenses départementales qu'aux dépenses de l'État (art. 480), tous les marchés doivent être faits avec concurrence et publicité.

Ce principe salutaire a été maintenu par la loi du 10 août 1871. Les intentions du législateur, à ce sujet, ne sont pas douteuses, puisque l'article 81, § 4, confère à la Commission départementale le soin de fixer l'époque de l'adjudication des travaux d'utilité départementale. L'adjudication publique demeure donc la règle constante, et vous continuerez à l'appliquer.

Quelques exceptions ont dû, toutefois, être prévues dans l'intérêt du service. L'article 59 du décret de 1862 les a énumérées. Pour la plupart, ces exceptions n'intéressent que les marchés à passer au nom de l'État. Néanmoins, le paragraphe 9 du même article autorise, en termes généraux, les marchés de gré à gré « pour les fournitures, transports et travaux qui, dans le cas d'urgence évidente, amenée par des circonstances imprévues, ne peuvent pas subir les délais de l'adjudication. »

Cette disposition pourrait, dans une certaine mesure, servir de prétexte on d'excuse à des dérogations qu'ils est de votre devoir de restreindre le plus possible. Les intérêts départementaux, comme les prescriptions de la comptabilité, sont, au surplus, protégés aujourd'hui par l'application d'un des articles de la loi du 10 août 1871. Un marché de gré à gré est un contrat. Or, le dernier paragraphe de l'article 54 dispose que les contrats qui intéressent le département sont passés par le Préfet, « sur l'avis conforme de la Commission départementale. » La Commission, émanation du Conseil général, interviendra donc dans la préparation des marchés de gré à gré, qui doivent, d'ailleurs, demeurer exceptionnels, puisqu'ils sont seulement autorisés, je le répète, dans le cas d'urgence évidente.

Telles sont, monsieur le Préfet, les recommandations que je crois devoir vous adresser. Elles vous rappelleront, au besoin, que les droits de l'administration sont limités par le texte de la loi et des règlements, et que le fonctionnaire qui contreviendrait à ces principes d'ordre encourrait la plus grave responsabilité. Le conseil général est, d'ailleurs, investi d'une prérogative considérable : il entend et débat les comptes que vous lui présentez après les avoir communiqués, par avance, à la Commission départementale avec les pièces à l'appui. Tout manquement à la loi, en ce qui concerne le compte de l'exercice, peut et doit m'être immédiatement signalé par le Président du Conseil général.

J'apporterai moi-même à l'examen de votre comptabilité la plus scrupuleuse attention, et la Cour des comptes la contrôlera sévèrement. Mais je suis assuré que ce double examen ne révélera aucune irrégularité, et que l'administration française, plus que jamais attentive à la gestion des finances départementales et au respect des volontés exprimées par les Conseils généraux, gardera intact ce renom de loyauté qui doit rester son honneur et sa meilleure récompense.

Recevez, monsieur le Préfet, etc.

Le ministre de l'intérieur,

VICTOR LEFRANC.

TABLE DES MATIÈRES.

I

Attributions :

II

III

Paris. Typ. A. PARENT, rue Monsieur-le-Prince, 31.